给孩子的
另类科普

一万亿个外婆

劳佳迪 ———— 著

人民文学出版社

图书在版编目（CIP）数据

给孩子的另类科普：一万亿个外婆/劳佳迪著．—北京：人民文学出版社，2022

ISBN 978-7-02-017354-9

Ⅰ.①给… Ⅱ.①劳… Ⅲ.①科学知识—青少年读物 Ⅳ.①Z228.2

中国版本图书馆CIP数据核字（2022）第139526号

责任编辑　徐子茼　郭　婷
责任校对　刘佳佳
责任印制　苏文强

出版发行　人民文学出版社
社　　址　北京市朝内大街166号
邮政编码　100705

印　　刷　三河市宏盛印务有限公司
经　　销　全国新华书店等

字　　数　194千字
开　　本　850毫米×1168毫米　1/32
印　　张　12　插页5
版　　次　2022年9月北京第1版
印　　次　2022年9月第1次印刷

书　　号　978-7-02-017354-9
定　　价　49.00元

如有印装质量问题，请与本社图书销售中心调换。电话：010-65233595

"入睡者也在耕耘宇宙之事。"

——《赫拉克利特著作残篇》

"无数宇宙,每一个都被它的外壳所包裹,被时间的轮子驱使在你的体内游荡。"

——《薄伽梵往世书》

此书纪念我的外婆余慧卿,

很幸福陪你走完尘世的旅行。

让我们好好说再见,

再见,在群星的庭院。

目　录

序言一　去往一颗星，也是为了抵达自己 001
序言二　科学是关于生命的另类诗篇 005

（一）外婆去了星星上 001
星际旅行：时空的奥德赛 001

1. 蓝丝绒笔记本 006
2. 时间的面纱 009
3. 折纸地图 013
4. 火箭过时了 015
5. 飞往比邻星 019
6. 海底的时间 022
7. 飞行器走廊 025
8. 偷来的速度 029
9. 双黑洞弹弓 034

10. "鲸鱼号"	038
11. 太阳巨帆	042
12. 生态船舱	045
13. 恒星的日常	048
14. 搜寻后花园	052
15. 往事画廊	057
16. 奇异物质	060
17. 肥皂船	065
18. 树　墙	069
19. 苹果的隧道	073
20. 穿越水晶球	079
21. 如梦之梦	083

（二）合成一个外婆	089
分子机器：世界上最小的魔术师	089

1. 触摸原子	094
2. 过去未来的汽车	101
3. 熵的谜语	106
4. 分子秩序	110
5. 老鹰酒吧	115

6. 滴管炼金师 122

7. 圆环即将关上 126

8. 看不见的芭蕾 130

9. 海　边 134

10. 分子梭 137

11. 世界上最小的车 140

12. 微型潜水艇 144

13. 开　关 148

14. 最美丽的毛衣 151

15. 机器之心 156

（三）外婆是星星做的 163

永生：物质与意识的共同往事 163

1. 不死的星辰 169

2. 每个人的遗言 176

3. 死亡的低语 182

4. 期盼永恒 187

5. 死神之约 192

6. "鲸鱼旅馆" 198

7. 酶的狂舞 203

8. 灯塔水母之歌 208

9. 杀死一只水熊虫 212

10. 滴水之力 216

11. 公主沉睡了 219

12. 细胞之刃 224

13. 唤醒一个玻璃人 229

14. 普罗米修斯和虫子 233

15. 万能细胞 237

16. 不受欢迎的人 240

17. 死者的回归 244

18. 世界上另一个"我" 248

19. 让他忘不了 251

20. 干细胞炼金术 255

21. 象的秘密 260

22. 基因剪刀手 265

23. 转基因生物 269

24. 记忆信使 273

（四）亿亿万万个外婆 283

量子计算：概率世界的迷宫 283

每个人的生命都那样了不起,都是大自然的奇迹。

1. 三条腿的鸟 290
2. 不确定的旅行 295
3. 粒子的涟漪 299
4. 奇异花纹 306
5. 钻过了两个火圈的老虎 311
6. 看不见的,存在的 317
7. 错过的小狗 323
8. 被凝望改变的过去 327
9. 遥远的协作 334
10. 非凡的计算规则 340
11. 量子夹娃娃机 345
12. 一个量子比特的诞生 352
13. 许许多多个窗口 355
14. 世界的入口 360

序言一

去往一颗星，也是为了抵达自己

中国科学院院士、中国科普作家协会理事长 周忠和

小时候，我们许多人都读过《小蝌蚪找妈妈》。这个故事蕴含了从蝌蚪成为青蛙的科学知识，还让读故事的孩子们从寻找妈妈的情感需求中衍生出对未知世界的探索欲望。近日，科普作家劳佳迪推出新书《给孩子的另类科普：一万亿个外婆》，我先睹为快，书中的主人公小星星，也和找不到妈妈的小蝌蚪一样，踏上了寻找外婆的未知旅程。

这是一本满足孩子求知欲望的书。一般来说，遇到亲人离世，大人们都会编织美丽的谎言来安慰孩子，如书中的爸爸就告诉孩子，外婆没有离开，而是去了遥远的"老人星"。殊不知，不能因为孩子年幼，就用故事搪塞孩子的好奇心，因为孩子开始提问，意味着他们正在打开心灵、期待获取知识、探索未知。

"老人星在哪儿？怎么到达老人星？……""打破砂锅问到底"，是每一个孩子的天性。而在本书中，作者涉猎广泛，将包括物理学、生物学、化学、天文学等多个领域的知识点，以主人公不断提问的形式，通过一个个故事做出解答。更可贵的是，每一章节都有专业人士进行审读，从而兼具了科学性与可读性。

同时，这是一本富有想象力的书。小主人公穿越于不同的场景之中，其中既包括真实的历史语境，如回到维多利亚时代与古生物学家玛丽·安宁交谈、在老鹰酒吧见证弗朗西斯·克里克宣布他和詹姆斯·杜威·沃森发现了DNA的结构；又包括玄妙的虚构世界，如遇到石黑一雄科幻小说《别让我走》中的克隆人凯西，与她脆弱、忧郁的目光对视。

此外，这还是一本陪伴孩子心灵成长的书。对于成年人来说，亲人去世都是难以释怀的伤痛，更不用说少不更事的孩子。作者在书中加入了对于科学和哲学的思考，让小主人公接受了科学的洗礼和心灵的慰藉：从最开始失去外婆的难过，到不惧危险、走入未知世界与死神勇敢地照面，之后通过无数科学实验与外婆相遇，最后终于接受外婆已经离去的事实，知道外婆只不过成为另一种存在形式。正如作者所说，"去往一颗星，最后，也是为了抵达自己"。希望阅读本书的孩子们，也能像书中的小星星一样，在心灵成长的过程中，用科学的眼光来认识自己，认识这个世界。

最后，这也是一部独具表现的科普书。一方面，本书涉及的科学内容前沿性很强，甚至包括一些当今科学家也还在争论不休的问题，譬如平行宇宙是否真实存在；另一方面，尽管书中的许多神奇的人物都能找到生活中的原型，然而故事毕竟是虚构的。原型的介绍恰恰是本书的一大亮点，有兴趣的读者还可以深入了解这些真实的科学人物以及他们做出的非凡贡献。能够将如此深奥、前沿的科学问题娓娓道来，即便对一名理科出身的科学工作者而言，也不是一件易事。身为一位文科出身的科普作家，劳佳迪展现出了强大的消化和再现知识的能力，她始终以人文精神观照科学，书中的科学知识并不是冰冷生硬的，而充满了阳春般的暖意和不可思议的柔情，字里行间流淌着饱满的情感与自由的想象力，读罢很难不为之所打动。

作为一本面向孩子的科学故事书，尽管大量运用细腻的描写与生动的比喻，但书中的专业知识毕竟硬核，我非常建议父母和孩子进行亲子互动式阅读；对于那些想要独自阅读但还没有系统学过科学知识的孩子来说，我想也不必畏惧，毕竟从中你能体会到科学家是如何思考问题，以及科学研究开展的过程。

我衷心祝愿本书能够将科学的种子埋进小读者们的心中，或许未来的某一天，你们真的就能够成为书中那些传奇的人物，实现你们的梦想。

序言二

科学是关于生命的另类诗篇

腾讯公司副总裁、"科学探索奖"秘书长 王妩蓉

宇宙，总让人觉得深邃和冰冷，不过在我读完《给孩子的另类科普：一万亿个外婆》这本书稿之后，心里对于宇宙泛起一些温暖的感觉，感谢作者带来的用柔软的蓝丝绒包裹的精彩绝伦的宇宙，以及一场不可思议的寻找外婆的科学奇旅。

不同于传统科普书目的"理工科"叙事，这本书以"外婆"为主线，充满了炙热的情感，在带来科学的温度的同时，也将理性的科学知识融入精彩的故事，比如广义相对论、量子力学、人造太阳等概念，在感性中不断渗透理性的光芒，带领大小读者领略科学之美，带给我们一种难得的科学阅读体验。

这部科普作品的另外一个特点，是分为了四个不同的主题：星际旅行、分子机器、永生和量子计算，在每一部分，都有一个相关领域的权威专家作为内容审读人，保证了故事的科学性。对于科学传播而言，这显然非常重要。很高兴看到，其中两位审读人施勇教授和颉伟教授是"科学探索奖"的获奖人。这是一次"科学＋科幻"的成功尝试，希望以此能帮助科学更好地走进大众。

我所在的腾讯公司，一直在思考如何通过践行科技向善的战略，探索有温度的数字未来，也将实现可持续社会价值创新作为公司各项业务的"底座"。其中，探索以社会力量助力国家基础科研的发展，增强科技进步内生动力，推动科学知识和科学精神的传播，正是其中的重要内容。基于此，2018年，"科学探索奖"应运而生。"科学探索奖"是由腾讯基金会出资支持、科学家主导的公益性奖项，是目前国内金额最高的青年科技人才资助计划之一。目前奖项已经累计资助150位青年科学家，他们不仅在科研上成果卓著，在科学传播上也有丰富的经验和饱满的热情，参与本书审读的施勇、颉伟就是其中的代表。希望不久的将来，"科学探索奖"的获奖人能在中国科学传播的舞台上，扮演更加重要的角色。

本书在助力科学发展、传播科学精神的意义上,与我们的奖项其实是一脉相承的。不论你是一个眼里含着光点、渴望用小手描摹宇宙的孩子,还是一个不失赤子之心、心中住着孩子的大人,这本书都有可能击中你的心弦。它是严谨的,提供了纯正、硬核的科普知识,是一部用科学写就的关于生命的另类诗篇;它是灵动的,融合理性和感性的色彩,也叩动知识与情感的交响;它也是真诚的,字里行间无处不在发出热切的邀约——到科学王国里来,到宇宙的广大中来,一起开始通往生命奥秘纵深之处的探险。

(一)外婆去了星星上

星际旅行：时空的奥德赛

本单元由南京大学天文与空间科学学院施勇审读。

施勇，博士生导师，获国家自然科学基金委杰出青年科学基金、腾讯"科学探索奖"。主要研究星系的形成和演化。

很多次我又回到了那个晚上。制氧机还在继续咆哮着，台灯的钨丝快要烧毁，心电监护仪上有两个数字已经消失了。

外婆睁开了眼睛。很快她的手指变得又湿又凉，短促的呼吸慢慢平息，虽然营养液还在不断地泵入，她却像烧焦的纸卷那样枯萎了。

那个深夜，当我独自走出医院的大门，一颗孤零零镶嵌于天幕的星星向我扑过来。

我的外婆死了，但我总觉得她还活着。我很想知道，她为什么忽然抽动起瘫软的身体呢？她用看不见的眼睛寻找着什么？最后的时刻，她能感受到我的存在吗？她会感觉到痛苦吗？

医生说，这些只是弥留之际大脑支配化学物质发起的一次绝望的冲刺。但我不能通过仪器上的数字找到答案：什么是死亡？什么又是生命？

我开始了漫长的流浪。一个人爬上海拔5300米的冰川，去看看时间在那些蓝冰上雕刻的年轮，甚至收养了一条比格犬，希望它能帮助我参透生命的谜语。但我知道自己其实一直踯躅在那个告别的晚上，直到有一天，一位叫艾尔伯特·海姆的先生进入了视野。

1871年，这位地质学家在瑞士东部的圣蒂斯山差点死去。回忆起那天，他说自己的身体不断撞击岩壁，向着悬崖下滑，就在坠落的一刻，看到了玫瑰色和紫色的云朵，轻柔地将自己安放其间。他没有感到痛苦和焦虑，而是平静、深刻地接受这一切。

"我感觉时间大大地延长了。"[1] 成为苏黎世理工学院的教授后，他经常在课堂上说起当时的感受。一名从德国来的年轻人被他的述说迷住了。

时钟的走速会在濒死的特殊时刻改变。海姆的故事或许启发了这名年轻人。1905年，他决定彻底抛弃时间的常数，提出每个人都有自己的个人时间。

每个被看见的人，与我们擦肩而过的人，冲上云霄或沉入海底的人，都有自己的时钟。相比海边的人，高

---

1 艾尔伯特·海姆（Albert Heim，1849—1937）是一位瑞士地质学家，以三卷本《瑞士地质》闻名。曾收集山难幸存者的濒死经历，提交给瑞士高山俱乐部，1892年2月在俱乐部年鉴中发表，1972年以《死于坠落的经历》为名发行英译本。——本书注释均由作者撰写。

山上的人，时钟走得快一些；乘飞机翱翔长天的人，相比仰望星空的人，时钟走得慢一些。

　　这名年轻人就是艾尔伯特·爱因斯坦。在他去世前两年，还专程给海姆的儿子写了一封信，说起当时那些神奇的课。

　　爱因斯坦对于时间的发现安慰了我。那个失去亲人的夜晚奇迹般地不再那么冰冷。

　　出于未知原因，濒死之时，时间指针转动的速度也改变了。病床前的我只煎熬了几分钟，却足够外婆倒带一生的电影。还好，我没有打搅她的安静。

　　站在生死隧道的入口，外婆向着宇宙、时间秘密的尽头无忧无虑地飞去。

1. 蓝丝绒笔记本

　　星星拉开了抽屉，从一堆花花绿绿的戏票和蜡笔盒下面取出笔记本。一整块毛茸茸的蓝丝绒绷在硬壳上。收到它的那天，星星就发现里面写着一长串看不懂的句子。

　　"是谁寄来的？"妈妈掂着沉甸甸的纸袋，没有邮戳，没有落款。爸爸说，早上出门的时候信箱里还空空荡荡。"是给我的！"星星放下杯子，里面的燕麦奶吐着泡沫，仿佛也在惊呼。她的名字端端正正写在纸袋上。

　　她一把抢过纸袋，抱起笔记本逃回了房间。她可不想让大人们发现自己的秘密，虽然她还不知道这个秘密是什么。

　　相比长长短短的句子，星星更喜欢里面的立体插画。她在别的书里也见过这种可以立起来的画：街道落满了矢车菊和桔梗的花瓣,一辆汽车刷上了蓝漆,一棵大树折叠着天蓝色的树叶……

她找到一张空白页,决定认认真真将昨晚的梦境记下来。

空气里有树脂和碘的气味。泥滩上铺满了潮汐带来的贝壳和海星。这些都与他们和外婆告别的那天一样。

几周前,也是在这里,所有人并肩站立,任由冷冽的海风拍打。妈妈捧着一只木头做的罐子,对星星说:"外婆就在里面。"星星不知所措。爸爸摇了摇头,俯身说:"不,小星星,外婆其实去了一颗遥远的星星。"

"哪颗星星呢?"星星追问道。过去几年,爸爸带她去山里观星,星星已经认识很多星星了。"老人星[1],船底座最亮的恒星,还记得吗?我们在地平线上找到过它。"爸爸将她搂进了怀里。

昨晚的梦中,星星又回到了这片海。群星镶满了丝绒般的天空,就像一颗颗钻石制作的袖钉。也不知道过了多久,一个人向她慢慢走来。

---

1 也就是船底座 α,全天第二明亮的星星,仅次于天狼星。在中国文化里,老人星又被视作寿星,在这里寄托了我对外婆的哀思。

"外婆！"星星用力喊了起来，可是听不见自己的声音。她又试了一次，只有海风在呜咽，仿佛正艰难地搬动一块巨大无边的帷幔。外婆越来越靠近，星星觉得自己并没有移动，是外婆迎了上来。她笑容满面，容光焕发，和那个躲在厚厚被褥下的人判若两人，那个时候她的腋下塞着两块冰，呼吸是滚烫的。此刻她看起来远比去世之前要年轻。

星星终于看清在云朵间还藏着一艘蓝色的飞船。船身小巧，大概只够装下外婆一个人。星星希望能朝飞船靠拢，低下头却发现自己正拄着拐杖，步履沉沉，已经很老很老了。

"昨天我梦到外婆啦，她开着飞船从星星上回来找我们，"饭桌上，星星说起了这个梦，"应该就是从老人星来的，那颗白色的星星。我又见到她啦，但是我好像一下子变老了……"

妈妈照常替她满上一杯新鲜的燕麦奶，笑着对爸爸说："瞧，你都对女儿说了些什么。"

"你说得一点儿也没错，"爸爸放下一片涂了蓝莓酱的面包，用餐巾抹了一下嘴唇，"如果外婆真的从老人星出发，回到地球来找你，她还没怎么变，你就已经老了……其实，真到了那个时候，你已经不在了，时间会让你们永远地错过。"

2. 时间的面纱

爸爸说了一件星星从没听说过的事。过去，当他们去山上观看群星的表演，爸爸也说过关于星际旅行的事，有一天人们离开了太阳系，前往另一颗恒星的家园。就像现实中的火车运营那样，星星还以为登上了星际的快车，所有车站的时刻表也是统一调好的。爸爸现在才告诉她，一切都错了。

"时间的走速不是不变的，当一台时钟发射到了距离地表一万公里的高空，宝贝，你知道那儿有多高，时钟的走速会快起来，每天大约比地面走快 30 微秒[1]，你看，时间嘀嗒的速度真的会改变。如果有人生活在那个高度，他所经

---

[1] 这是一个非常小的数字，30 微秒等于 0.00003 秒，不过，由于宇宙尺度下的距离、速度单位都是天文数字，这种时间走速的改变将在星际旅行中发挥很大的作用。

历的一秒钟就会比你的一秒钟短上一些。"[1]

星星歪着头问:"可这是为什么呢?"

"是因为引力,小星星,高的地方受到的地球引力比较小,这是爱因斯坦先生告诉我们的,引力会改变时间的走速,在引力比较小的地方,时间相对走得比较快[2]。"

"所以我们坐飞机的时候时间会走得比较快吗?"星星眨着猫咪般无邪的眼睛。

"如果飞机静止在半空不动,确实是这样的,"爸爸向她投去赞许的目光,"可是一旦移动起来,速度就会改变时间——移动得越快,时间相对就走得越慢;我们坐在飞机里,相比地面上散步的人,速度要快得多,所以时间慢了下来。"

星星挠了挠头,说:"这么看起来,飞机里的时间就像一个面团一样,引力要它快一些,速度又要它慢一些,拉来扯去的。"

"说得真棒!但是你要记得,速度的力气总是大得多。"爸爸的手指温柔地穿过了星星的发丝。

---

[1] 现在这一理论被广泛应用于星载 GPS,由于太空轨道上的 GPS 距离地表较远,时间的走速会变快,为了得到准确的数据,在发射之前会将其走动的频率调慢。

[2] 即艾尔伯特·爱因斯坦(Albert Einstein, 1879—1955)相对论所提出的钟慢效应。

这个早上星星才知道，老人星，这颗缝在夜幕上的云母制作的纽扣，虽然看起来很亮，距离地球却有309.8光年[1]之远。

"那么，外婆飞过来要多久呢？"

"小星星，我相信她会驾驶着最好的飞船回来看我们的，不过，没有办法飞得像光那样快。就算真能那样，光从太阳出发落到地球上只需要8分钟，从老人星飞到地球得足足走上310年。"

"时间会让我们永远地错过……"星星喃喃道，"爸爸，你是说我等不了那么久，外婆也不能飞那么久吗？在飞船里住上几百年，她一定会闷坏的……"星星想起了阳台上，小狗"奥利奥"总是盖着三种颜色交织的毛毯，安静地蜷伏在外婆脚边，妈妈则在一旁似断似续地陪外婆聊天。

爸爸怜悯般地微笑："宝贝，你是等不了那么久，但是放心，外婆不会寂寞的，想想刚刚我说的，因为飞船飞得太快了，如果以接近光速[2]的速度飞行，飞船里的时间流逝得很慢，抵达地球最多也就消耗她生命中的几天，甚至几

---

1 指光在真空中传播一年的距离，1光年大约为9.46万亿公里。
2 指光在真空中传播的速度，每秒约为30万公里。相对论认为，这是宇宙中物质运动的速度上限。

分钟,而不是几百年的光阴。飞行的人不会老,等待的人才会老。"

百叶窗透入的晨光重新点亮了星星深褐色的瞳孔。"原来我昨晚梦到的都是真的!外婆真的可以飞回来,她一点儿也没变老!"星星忍不住欢呼。一颗颗光点在她的掌间舞蹈,仿如尘埃。

3. 折纸地图

星星似乎很快从那个朦胧、忧伤的梦中走了出来。她回到房间，蜷缩在沙发上，通过落地窗目送爸爸妈妈离去。昨晚下过雨，青草的腥味摸着窗缝钻来。院子里，大榕树张扬着绿色的鳞片，时不时摇摆卷曲的胡须。一棵龙柏在一旁扭动着纤细的身体，火焰般向上生长。把它栽下去的时候，大人们说这将是一个纪念。

"外婆回来的时候，就能知道这里是她的家了。"爸爸在星星的耳畔低语。

星星再次翻开那个笔记本，打算将爸爸说的话都记下来。她多么希望有一天飞船真的可以飞得很快很快，那样自己就可以再次见到外婆。她仿佛可以重新触碰外婆那些因为皮癣菌感染而变得异常脆弱的指甲。以前她觉得它们生病了，脏兮兮的，现在却想再次握紧。

星星翻到了那幅立体画。边缘锋利的纸片折出了群山环绕的地形，几十个形状各异的屋顶陷落其中。中央是一座建筑物，经交叉的三角形编织成完整的球面，几条街巷自此向外辐射，穿过密集的行道树，楼梯一样升高，最后抵达山脚下的巨型岩块。

而在这些岩块的外部，一大片空旷的蔚蓝色包围着群峰，就像一块蓝披风，那里什么都没有了。只有那个地方，对，就是那儿……星星低下头去，追着一条街巷往远处细看，在群山之外发现了一个闪闪发亮的金色物体，是什么呢……"砰"一声闷响，一只白色的鸟撞在玻璃窗上。

星星推开窗。那只莽撞的鸟已经回到了榕树上，藏起了脚爪，正拿红色眼珠瞅自己呢，小巧的白色脑袋就像安了发条似的，一点一点转动，也向着她来了。阳光是一大片被烤化了的芝士。

现在，片片木百叶将外面的世界遮蔽，星星半卧，将笔记本重新捧回到眼前。过了片刻，屋顶、车辆、山峦、撒满了花瓣的街巷，像海洋又像丝绒布的蓝色，向她靠拢过来。那棵披着蔚蓝羽毛的大树万花筒一般旋转，越来越近，仿佛也要将星星编织进树叶经脉那些优美、复杂的纹理之中。

4. 火箭过时了

星星拍了拍裤腿，揉揉眼睛。透过繁茂的树叶，一对白色翅膀扫过了空中的火球。她从一棵榕树下站起身，发现这里并不是自家的院子。那棵吐着火舌的龙柏不见了。

树冠硕大无朋，贴近铁灰色的树干向里张望，密匝匝的树藤合抱着漆黑的空间，向内形成了一条斜斜向下的隧道。

星星蹲下身，感觉膝盖软绵绵、凉飕飕的。入口深处闪动着几簇微光。"那是什么呢？"她自言自语。微风轻快地吟唱，她低头看看自己灰扑扑的手掌，决定爬进去一探究竟。很多次，她随爸爸去爬山，在那些仿佛可以摘下星星的山巅大呼小叫，妈妈总是喊她"野丫头"。

她伸手抓住树苗和草根，将鞋尖插进泥泞的土里来增加摩擦力。这条狭窄隧道的尽头闪烁着深深浅浅的光斑。爬了一会儿，尽头出现了一栋屋子的轮廓。屋顶剧烈倾斜，一半已经被混杂着苔藓和岩屑的泥土所覆盖。

星星站起身,鼻头紧紧贴在窗玻璃上。两位先生相对而坐,中间的圆木桌上搁着一盏明亮的煤油灯。其中一位怪模怪样的先生将报纸翻得哗哗作响,漫不经心地问道:"今天又有什么新闻?还是关于那个飞行器?我早就说了,那东西不可能走出太阳系。"

另一位先生敞着藏青色的灯芯绒西装,露出一件淡米黄的高领毛衫,一头深栗色的自然卷三七分开,耷拉在格外光亮的大额头上。[1]

他平静地说道:"事实是,它毫无疑问可以做得到。自打1977年被我们送上云霄,它每年都在以1.5亿公里的速度远离地球。虽然还没完全摆脱太阳的引力和磁场,但现在已经成功逃出太阳风了。没有人怀疑它进入了彗星的家园,并将在那儿待上一段时间,等到完全穿过这片宁静的太阳系边缘地带,它就会向银河系的心脏飞去。"

"每年1.5亿公里,这对宇宙来说,你知道是多么杯水车薪,以这个速度穿过整片边缘还需要成千上万年,可不是什么'一段时间',"对方满不在乎地撇了撇嘴,"况且到了2064年,它就没电了。它将继续独自在星际流浪,没人知道它的行踪。它会变成一个毫无意义的太空垃圾……"

---

1 这里的原型是美国天文学家、科普作家卡尔·爱德华·萨根(Carl Edward Sagan, 1934—1996)。高领毛衫是他的标志性装束。

星星急促地敲击玻璃，冲他们挥动手臂，呼出的热气爬上了窗口。一扇挂满了垂丝植物的木门打开了，是那位"高领衫先生"。"刚才你们说的是什么飞船？"星星气喘吁吁地问道，"它能帮我到达别的星星吗？"

高领衫先生笑着说："你想去哪儿？"

"老人星。"

"哦，对我们的'旅行者一号'[1]来说，老人星还是太远了。"高领衫先生伸手掸去几片缠在星星肩头的羊齿植物，"但是不妨碍我邀请你进来坐坐。"

星星看到，那个翻看报纸的怪人脸上长满肉瘤，显得凹凸不平，不过她一点儿也不害怕。

"我想去老人星找外婆。"她在一张颤巍巍的椅子上坐下。

"看来是个对天文学感兴趣的小家伙。"高领衫先生笑脸相迎，"'旅行者一号'只是一艘化学火箭，恐怕没办法完成你布置的任务。你见过烧开水吧？"

"妈妈在奶锅里烧奶，燕麦奶。"星星垂着头，有点沮丧。

"你有没有注意到锅盖？"

星星点了点头："锅盖会咕咚咕咚地发抖。"

---

[1] 美国宇航局研制的无人外太阳系空间探测器，于 1977 年 9 月 5 日发射。它是有史以来距离地球最远的人造飞行器，大概在 2012 年 8 月 25 日，成为第一艘穿越太阳圈并进入星际介质的宇宙飞船。

"那是因为氧气和氢气燃烧起来了,产生了温度很高、压力很大的水分子,别小看这些水分子,不仅可以顶起锅盖,装在火箭的屁股后头,还能将这些庞然大物推上天呢。化学火箭就是用氧气和氢气作为燃料的。"高领衫先生说,"不过,这个力量很有限,单纯靠这些燃料,每秒钟火箭最多只能跑上 20 公里。"

"慢得可怜!所以你还觉得人类距离太阳系以外的空间近得很?"怪人绷紧嘴唇,鼻子发出"噗"的声响。

"嘿,我们也在向前走!想要穿过宇宙的黑暗走廊,并不是天方夜谭,看看这是什么?"高领衫先生将手指插入灯芯绒西装的口袋,慢吞吞地取出一块手机大小的塑料片。

星星踮起脚跟,凑上前去。上面写着:赤经 14h29m43s,赤纬 $-62°40'46''$。

"这次我来就是送这个的。"高领衫先生将塑料薄片递了过去,"你应该知道这是哪颗星星的地址。"

光线似乎停止了晃动,泥土黏稠的腥味也在淡去。怪人将塑料片翻来覆去,终于惊呼一声:"不,这不可能!你怎么可能去往比邻星!"

5. 飞往比邻星

星星没有听说过比邻星。爸爸带上星图，带她去山里辨认过天狼星、牛郎星、大角星、心宿二……唯独对这位"恒星邻居"一无所知。

"比邻星是距离太阳最近的一颗恒星，是我们在银河系最亲密的邻居。"高领衫先生轻声说道，"你没见过是因为它太暗了，通常红矮星的亮度都很微弱。"

那个怪人依然扭曲着难以置信的表情，喊道："但是你要怎么挨过 4 光年的飞行距离？用你引以为豪的'旅行者一号'，从这儿出发到比邻星得飞上整整 74000 年，2500 代人过去了！"

"你没有看错，我就要出发了，当然不是每个人都有勇气这么做，按照'鲸鱼号'的速度，40 年差不多可以打上一个来回，这可能不是一张单程票。'鲸鱼号'，你觉得这个名字怎么样？现在它还有点儿笨重，下一代飞船可以做得更加精致些。"高领衫先生不紧不慢地说。

"所以你的新玩具竟然达到了 0.2 倍光速？这到底是什么该死的秘诀？"怪人的脖子就像一根左右摇晃的弹簧。

"每秒钟跑上 6 万公里不在话下，怎么样，小家伙，有没有兴趣和我一起去看看，在那儿，整个太阳系就像一颗白色的珍珠挂在夜空。相信我，这会让人终生难忘的。"高领衫先生扭头看向星星。

星星想了想，瞪大双眼，"那么，'鲸鱼号'可以飞到老人星吗？我只想再次见到外婆。比邻星上没有外婆。"

"目前看来我们要等 1500 多年。"

星星叹了口气，声音颤抖着说："1500 年还是太久了啊。"再次仰起头，她的眼睛噙满了泪水。

"别这样，放弃寻找方法才是最大的失败，"高领衫先生若有所悟地说，"走吧，一起去天文馆看看。我敢保证这不会是浪费时间。"

"我看你比这个小东西更擅于痴心妄想。"怪人冷笑道。

"你就是在树洞里闷得太久了。就在几分钟前，你还声称人类会永远困在太阳系，你应该去亲眼看看'鲸鱼号'，我不介意多费些口舌。"高领衫先生说。

"除非到了启航那天,不然我还是保留意见。"怪人凑近灯火,继续端详那块轻飘飘的塑料片。

"你这个老顽固!"高领衫先生转而招呼星星,"我们永远不要忘记,想象力总是跑在科学前头的。1000年前,如果要给地球另一头的人送信,你会怎么做?找一些能跑的马来接力?你会烦恼怎么带上成千上万斤食物,如何管理好这些马,根本不敢想象会有新的信息传输手段,比如现在的手机和互联网。"

"所以你是说,去往老人星也不是不可能的?"星星试探道。

"你相信我吗?"

"相信!"星星清脆的声音划过屋顶,"我也相信一定能找到外婆!"

"那就勇敢地试试看,还有什么好犹豫的,快出发吧!"高领衫先生探出修长的手指。星星感觉到一阵暖意,穿破地下植物令人心慌的腐烂味,抵达她的掌心,又沿着起伏的胸口鼓荡而起。

6. 海底的时间

追随着高领衫先生的脚步,星星回到了地面上。"沿着这条路走,一直走,你会看到一个小镇,一堆房子中间有一座圆球形状的建筑,走进去,我会在那儿等你。现在我得走了,先去做一些准备。"高领衫先生眨着眼睛说。

循着他手指的方向,一条蜿蜒向下的小径镶嵌在奇花异草之中。走到尽头,星星看到一座球形建筑物,用一块块瓷片拼接的"天文馆"三个字就挂在屋顶上,有一种和它的未来风格不相协调的复古感,而旁边一面人造瀑布沿着黑色的大理石湍流不息。

星星毫不犹豫地走了进去。贴合着三面墙弯曲的弧度,一只果冻状的玻璃缸铺展在面前。如果不是因为里面游来荡去的鱼群和浮游在泥沙上的甲壳类生物,星星还不知道这是一只巨型鱼缸。

看起来，鱼缸里只有一种鱼，通体洁白，近乎半透明，就像裹着厚厚一层糖霜的蝌蚪。它们沉默地排着队，轻柔地划水。

"这些是超深渊狮子鱼。"背后传来一个清澈的声音。星星赶紧回过头去。一位个子矮小的女士将自己圆润的身体塞进了一条厚实的牛仔背带裤，头戴一顶浅蓝色的渔夫帽，胸前的口袋露出一截钴蓝色的笔帽。她杏仁形状的眼睛下方有一小块蓝黑色的痣，就像一颗棋子。

超深渊狮子鱼

"这些鱼很特殊，在高达 800 多个大气压的马里亚纳海沟的海床上穿行，距离海平面，这个深度足够直接插入整座珠穆朗玛峰。"她将钢笔取了出来。原来口袋里还藏着一个四四方方的笔记本。她随意地涂抹了几笔，语气不疾不徐。

"我还以为深海的鱼都没有眼睛，它们露出凶狠的牙床，头上竖着天线……"星星想起了妈妈在绘本上给她看过的那些面目狰狞的鱼。

"它很优雅,对吗?我们叫它'海底的绅士',很多人都在努力研究它为什么会生活在那么深的地方,不过我感兴趣的是另一件事……"她合上本子,望向星星,"你得知道它们为什么会在这里,这儿可不是水族馆,那些对海洋好奇的人一定想不到,这些狮子鱼会出现在天文馆的展示清单里。"

接着,她说出了一个大胆的假设,"现在我请你和我一起想象,这些鱼是46亿年前和地球一块儿诞生的,这只是一个想象,不是真实发生的事,"她捋了捋调皮的刘海,"和那些生活在浅海的鱼相比,它们更接近地心,几乎生活在地壳最深的边缘,承受的地球引力要比生活在浅海的鱼群小,所以时钟走得比较快。我算了一下,从46亿年的第一天开始计算,到今天,这些鱼比浅海鱼多度过了整整20个小时。"

"我知道是因为引力,爸爸这么说的。"星星说。

"这就是它们被陈列在这儿的原因。希望每个来到这儿的人都能重新认识时间。只有星际可以让你体验爱因斯坦发现的真实的时间。时间和空间是无法分割的。"她边用钢笔在纸上写写画画,边淡淡地念道,"星际旅行既是空间的旅行,也是时间的旅行。"

7. 飞行器走廊

如果不是这位"钢笔小姐",星星还发现不了这只柔软的鱼缸的秘密。那些深海里的狮子鱼逼真地在陡峭的海床上奔跑,仿佛追逐着什么真理。就在星星将指尖贴近,触碰那些看似软绵绵的透明玻璃时,鱼和它们的猎物仿佛空中的闪电,短暂停留后消失。它们只是一些自由浮动在空气中的三维投影。

"希望你喜欢这个序曲。"钢笔小姐停下笔,旋动了笔帽上的开关。

星星发现自己正置身于一条笔直、宽敞的走廊的入口,一些造型复杂的机器间隔着堆放于两边的红色沙地。她的目光落在一辆六轮车上。从形状看,太阳能电池板优雅地向两边伸展,就像是一只振翅欲飞的蝴蝶。

"这是'祝融号火星车',2021年5月着陆在火星乌托邦平原的南部,那个时候除了美国,只有中国拥有全面探测这位邻居的能力,"钢笔小姐的声音透着兴奋,"人们对火星充满了兴趣,把它选作星际旅行的第一站。太阳系家族会出生是因为 46 亿年前有一颗超新星[1]爆炸了,喷溅出了很多粒子,这些粒子在穿越一大片恒星寂灭留下的尘埃时,和其中的一些物质纠缠到一起。一团物质开始燃烧,这就是整个太阳系的温床。不过,在这个不算太小的家族里,人类对火星这位邻居情有独钟。"

"为什么呢?"

"因为我们要找一个近似地球的'岩石花园'呀,木星和土星都是气态的,首先就被排除了;水星、金星倒是有陆地,但是离太阳太近,每天都在沸腾;天王星、海王星则远在'冰天雪地'。历数起来,火星就是唯一合适的迁居地,"钢笔小姐说,"那时人们管这叫'火星殖民',抢着要去上面开采矿业、种植蔬菜,资本成天为了它打架。"

"这又是什么呢?"星星被不远处的另一个飞行器吸引了注意力。看上去它就像一只巨大的沙漏形状的花瓶。

"'太阳神一号'也曾是明星,1974 年离开地球朝太阳

---

[1] 超新星是某些恒星在演化接近末期时经历的一种剧烈爆炸。这种爆炸极其明亮,过程中所突发的电磁辐射经常能够照亮其所在的整个星系,并可能持续几周至几个月甚至几年才会逐渐衰减。

飞去时，速度令人吃惊，每秒能飞上70公里，是当年初始速度最快的一个飞行器。到了40多年后，也就是2018年，这个纪录就被打破了。"

透过她的指尖，星星看到了一个银色的喇叭形状的飞行器。

"破纪录的就是这个——派克太阳探测器，它花了7年时间抵达距离太阳600万公里的地方，太阳近在咫尺，轨道速度达到了每秒200公里，也就是0.067%光速，"钢笔小姐翻了一页笔记本，"到2025年地球就会失去它的音讯，它将继续绕着太阳飞行，就像那些被引力捕获的土豆形状的小行星。不过，能达到这个惊人的速度其实是因为它在面向太阳飞，这要比逃离太阳引力容易太多啦。来，现在就带你看看我们真正的'英雄'。"

和其他飞行器模型相比，眼前这个酷似无线卫星的飞行物显得硕大无比。面向星星的洁白的一面就像一只完美无瑕的瓷盘，从那儿伸出了一条粗壮的吊臂。

"吊臂里头装着一些特殊的电池，电池是用一种叫'钚-238'的放射性元素做成的，通过钚的衰变[1]，可以释放出电量。'旅行者一号'上的仪器，就是靠这些电量来运作的。当然，

---

[1] 钚是一种放射性元素，能够自发地从不稳定的原子核内部放出粒子或射线，同时释放出能量，最终衰变形成稳定的元素。

电量是有限的，因为钚－238的半衰期[1]大约是87年，到了那个时候，电量终究会耗完的，"钢笔小姐做出一个邀请的手势，"我很乐意请你进去看看。"

"原来这就是他说的'旅行者一号'……"星星微张着嘴，三步跳上银光闪闪的铁皮梯子。舱门自动打开了。

"啊，是你！"

"我从不食言，"高领衫先生已经脱掉了外套，出现在一堆精密仪器中间，"我先带你逛逛太阳系，你得坐好，虽然这里不会真的漂浮起来，你还是得保证自己对眼前的景象保持镇静。"

钢笔小姐也落座在光滑、坚硬的金属地板上。"哟嚯，我们要起飞了！"提起嗓音，高领衫先生冲星星喊道。

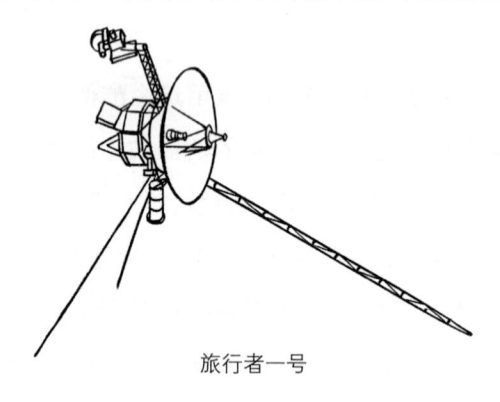

旅行者一号

---

[1] 指放射性元素的原子降低到原来数量的一半所需要的时间。

8. 偷来的速度

不多久,一弯"蓝色水母"出现在视野的前方。星星认出那是编织着华丽花纹的地球,她的家。它的小半边脸生气勃勃地被太阳照亮,另一半则沉入湖底一般死寂。而在距离地球不远的地方,月亮也阴着半张脸,像一块灰色胎记点缀在宇宙的肌肤上。

"刚刚我们飞了1160万公里。"高领衫先生的话让星星大吃一惊。"我一点儿感觉都没有。"她说。

"到了木星那里你就会有感觉了,你能握住那根金属杆吗?它来了!"

一开始木星就是一颗白色弹子球,表面装饰着两道黄褐色的平行线,很快那些不够明显的细小斑纹也显现出来,橙色和白色的光带延伸得越来越长,直到这些美丽的彩色带子像齿轮般牵着一团红色的旋涡[1]旋转蠕动。四颗萤火虫一样的卫星忠实地盘旋在木星的周围。

星星向后仰着身子,明显感觉到一股力量正在推动飞船,就像平坦的高速公路上,爸爸突然猛踩油门似的。

他们将木星抛在了身后。"感觉到加速度了吗?"钢笔小姐不知道从哪里变出了一颗弹力球。星星立刻被它迷住了。它里面嵌有某种光亮的闪粉,内壁雕刻了树木和屋顶,一条小狗,一个孩子和一位老者。她从没见过这么好看的弹力球。

"刚才飞船从木星那儿偷到了一件东西。"高领衫先生神秘兮兮地说。

"什么东西?"

"要不还是你来解释?显然她对这些小球更感兴趣。"他将问题抛给了钢笔小姐。

微缩版的树林和街道,牵着小狗的人,就在她的手里起起伏伏。用力多一些,圆形的微小世界便弹得高一些。每一次,她都能毫不费劲地伸手接住被金属地板抛起的小球。

---

[1] 指木星著名的反气旋风暴"大红斑"。

"你用多大的力往地上扔球，球就会用多大的力反弹回来，这是显而易见的，但是换一个问题，如果你往一辆正在飞驰的汽车上扔球……"

"这可是一个危险动作，禁止模仿！我是说我的座驾跑起来快得很，你这么干的话，弹力球就不保了。"高领衫先生在一旁插话。

"是的，"钢笔小姐接过话茬，"如果你非要将它扔向一辆正在奔跑的车，它就会被弹得无影无踪，在它碰到车子的一刹那，车速的一部分就转移到了它身上，这个意外得来的速度将会帮助小球跑得无影无踪。这就好比你在一列火车里跑步，窗外的跑步者不可能追上你，一部分车速已经幸运地转移到了你头上。"

略一沉吟，星星说道："所以刚刚我们是从木星那儿偷到了速度吗？"

两个人欢乐地鼓起掌，齐声道："太聪明了！"

"只要是正在旋转的星星，飞船飞过时被引力吸入它的轨道，再飞出去的时候都会偷走一部分速度，所以和被吸入的时候比，离开时它的行驶速度就增加了，"高领衫先生说，"这个游戏'旅行者一号'一口气玩了好几次，太阳系能帮上忙的行星都出了把力。"

当土星戴着绚烂的草帽在黑暗中舞起芭蕾，舱内陷入了一片安静。土星环就像一张嵌入了艺术家音乐的黑胶唱片，回旋在宇宙的转盘上。这台唱片机正发出无声的乐曲，仿佛独自完成日复一日对时间的咏叹。没过多久，加速的惯性再次袭来。

"一共有四次，"高领衫先生率先说话，"木星、土星、天王星、海王星，这些地球的好伙伴都在帮助我们飞行，当飞船冲向奥尔特云[1]，速度稳定在每秒17公里。"

钢笔小姐说："在逃离太阳系的飞行器中，初始速度最快的不是'旅行者一号'，而是2006年才发射的'新视野号'，它离开地球时的速度比我们快4倍，但由于没能完美设计驶入行星轨道的角度，除了木星恰好施以援手，其他行星都没能帮上忙。很快'新视野号'就败给了太阳无情的引力，告别冥王星后，它的速度越来越慢，永远也追不上我们了。"

"那么，有了这些行星帮忙，"星星探身向前，"我是不是就可以去老人星了？"

沉默了一会儿，高领衫先生认真地回答："好孩子，这些行星的力气还是太小了，没办法帮我们飞得那么远。"

星星再次失望地垂下头。

1　奥尔特云是一个理论上包围太阳的球形云团，它的外边缘标志着太阳系结构的边缘，也是太阳引力影响的边缘。

"但是你不用灰心，星际空间中有一些力气更大的高速旋转的天体对，它们没准可以帮上大忙，最理想的就是用黑洞当作'弹弓'，"他温柔地说，"当飞船驶入两条相互缠绕的黑洞的轨道，只要不被引力的搅拌机摧毁，完全可能加速到十分之几的光速。"

"黑洞弹弓？"星星一脸迷惑。

"对了，我得离开一小会儿，有些事要处理，不妨请钢笔小姐来讲讲黑洞的故事吧。待会儿，我会来告诉你最新的飞行方案。"随着他摁下一个圆形的橙色按钮，舱门再次打开。

原来，"旅行者一号"的模型一直停在名为"博览飞行器"的走廊里，哪里也没去。星星暗暗感叹，这里的幻觉真的太棒了。

9. 双黑洞弹弓

穿过走廊，钢笔小姐和星星来到了一个没有掌灯的房间。透过交织着射向中心点的几道微弱光束，星星看到中央摆放着圆桌。靠近光点，她发现那并不是一张真正的桌子，而是一块被紧紧固定在圆形金属框里的丝绒布料。

在机械操控下，6个大小不同的弹力球垂落下来，在布料表面压出了深深浅浅的坑印。从远一些的地方看去，就像一片毫无生机、刚被开采过的矿区。

"质量越大的球，压出的'坑'也就越深。"钢笔小姐取出自己那只漂亮的弹力球，打桌球似的，贴着布料向中心点掷去。小球在这片不平整的地貌上穿梭片刻，最后迟疑着掉进了相对最深的"坑"内，就像被无声的召唤吸引过去。

"这块悬空的丝绒布就是我们更大的家——宇宙的时空，物质呢，是散落在上面的许多个弹力球，大大小小，在布料上压出了一个个坑洞，这影响了经过它们的物体的移动轨迹，我们能够牢牢地被粘贴在地球的表面，是因为掉落在被它的巨大质量压出的坑洞里，我们会说地球吸引了我们，称呼它为'引力'，"钢笔小姐说，"这块布料上最重的弹力球就是黑洞，它压出了望不见底的'深坑'，经过周边轨道的物体都会无力反抗地滑落其中，就连轻到微乎其微的光子[1]也不能逃跑。"

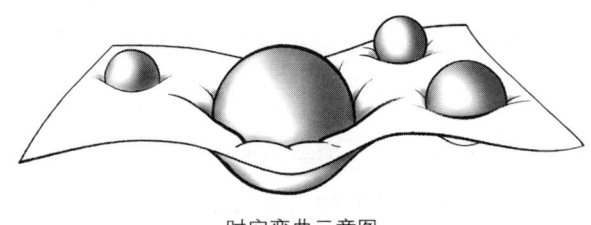

时空弯曲示意图

"你是说光也会被黑洞吸走吗？"星星目不转睛地盯着那些半透明的弹力球。在近乎黑暗的空间里，它们弯曲着光滑而又残缺的背脊。

"是的，任何光子都不能从表面反射回来，所以黑洞才是'黑'的。"

"那又是怎么知道它们就在那里的呢？"

---

[1] 一种基本粒子。将光的电磁辐射能量切到最小的一份，就称为光子。也可以简单理解为光的最小单位。一般认为，它在静止时的质量是零。

"这是一个很好的问题,小星星,"这是钢笔小姐第一次这么称呼她,"黑洞是只会喷射热气的怪兽,那些热气的旋涡轻轻松松就能达到100亿摄氏度。我们可以通过望远镜来捕捉这些气体,再将数据传送到硬盘上。最后,为照片添上一些好看的颜色,就像是撒上了糖粉,黑洞就被装扮成了宇宙菜碟上的甜甜圈。[1]"

"黑洞一直都在那里吗?你说过,46亿年前太阳出生了,地球也出生了,黑洞又是怎么来的呢?"

"有些恒星死了以后,坍塌成了大大小小的废墟,那是一些小黑洞。现在已经发现了至少50万个黑洞。那些个头更大的黑洞一般都住在一个星系的中心位置,银河系的中心就存在某个黑洞,重量相当于100万个太阳。一些超大质量的黑洞还被探测到正在以光速高速旋转,如果能让飞船靠近,或许就可以向它们借力,再以比驶入轨道的速度大得多的速度反弹出去,这比向行星们求助有用多了,"钢笔小姐用拇指挑了挑牛仔裤背带,"还有那些旋转的双黑洞系统,也就是两个相互绕转的黑洞组成的天体系统,力量更大,说不定飞船能从这些系统中偷到更多速度。单单银

---

[1] 2019年4月10日,科学家们通过事件视界望远镜对M87星系中心的观测,获得了第一张黑洞图像。这张图片显示了一个明亮的橙色光环,点缀在黑色的宇宙背景上,酷似一只甜甜圈。

河系就很可能存在 1000 万对双黑洞。2015 年，中国在马卡良 231 星系[1] 中发现了一对黑洞的踪影，后来又在距离地球 8900 万光年的地方找到了一对'黑洞恋人'，个头大的那个质量是太阳的 1.54 亿倍！"

"它们的力量究竟能有多大呢？"星星问道。

"两个黑洞合起力来，甚至能将一颗倒霉的超新星踢出自己的家园。宇宙的竞技场上，经常发生这样的事。"钢笔小姐牵起星星，头也不回地走向房间的出口。

"这么说起来，"穿过黑暗时，星星轻声嘀咕，"它们也可能一起发力，把飞船踢向老人星吧。"

---

[1] 亚美尼亚布拉堪天文台于 1969 年的紫外线辐射巡天中发现的星系。该星系距离地球 5.8 亿光年，有一个已知最接近我们的似星体。

10."鲸鱼号"

高领衫先生就在出口等待她们。"嗨,我们又见面了,"他笑容满面,看起来像刚刚解决了一个大麻烦,"黑洞弹弓怎么样?'旅行者一号'还没有飞过任何一个黑洞,因为整个太阳系没有发现黑洞,我想这是偶然的幸运,不然地球命运就要改写了,这个怪兽会不断吞噬周围的物质,怎么也喂不饱,体形变得越来越胖。"

"那么,离开太阳系呢,黑洞能帮到我们吗?"星星问道。

"太阳到比邻星也是一马平川,没有这些怪兽挡道。"

"那么太阳到老人星呢?"星星心念一动。

高领衫先生笑着说:"现在也没发现。别,别,不要又是这个失望的表情呀!我的好孩子,其实就算真有黑洞可以无偿加速,事情也没那么简单,我们也得费上好一番功夫。"

星星抬起头:"这又是为什么呢?"

"你见过大海吗？"

"见过的。"星星又想起了那个忧伤的冬日的上午，所有人都聚在海边，在浪潮的熙攘之间，外婆被送走了。

"太阳和月亮的引力会在海面的不同位置产生不均匀的力，有些力气很大，拉起了海面，有些则很小，海面是那样不平整，黑洞旅行也得考虑这个问题。当你驾驶飞船驶入黑洞，身体每个细胞也会受到不均匀的引力的撕扯，"一丝凝重掠过高领衫先生的眉间，"你的身体也会像潮汐那样不受控制地扭曲、律动起来，但这些引力怪兽可不会邀请你共舞一曲太空探戈，当距离黑洞还有 1000 公里的时候，飞船就会在这种扭曲中解体，你会被撕碎成一长串比原子还小的微粒。"

星星吃惊地吐了吐舌头。

"别怕，别怕，在决定驶向黑洞以前，我们还需要好好计算。你可以想这么一个问题，地球的引力在你身体各个部位的作用力也是不同的，可是为什么你感觉不到撕扯呢？你还好端端地站在这里。"高领衫先生温柔地说道。星星摇了摇头。

"这是因为相比你的身体，地球的尺寸足够巨大了，所以我们对黑洞的尺寸也有要求。"

"暂时忘记这些还没找到的大家伙吧，我们一起去看看他们的新作品！"钢笔小姐在一旁神采奕奕地建议。

三个人沿着一条螺旋形的自动阶梯不断下探。一架庞然大物在灯下自信地展示着自己的肋架。而在精巧的盒子形状的船头后方，一块弧度平缓、勺状弯曲的金属片肆无忌惮地张开。在它的后方连接着圆润的子弹形的船身，从躯干部分延伸出四块巨大的格栅板，足有数公里长。船尾则挂着一个细颈瓶状的装置。

"这很像一朵花！"星星说。

"我很乐意叫它'花朵号'，发射组也有人想称它'雨伞号'，不过那个装置的功能更像鲸须[1]。"高领衫先生指向中间那只优美的金属"勺子"。

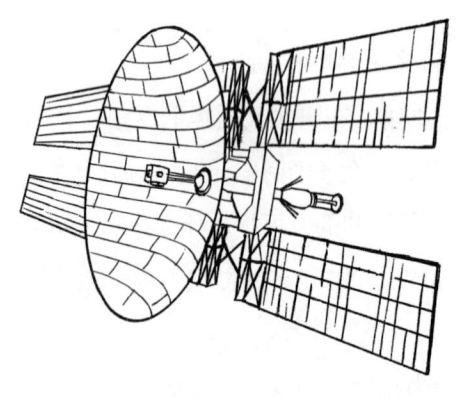

"鲸鱼号"构想图

---

1 一种长于下颚、被须鲸用来滤食的梳子状板片。

"所以才叫它'鲸鱼号'！"星星忍不住感叹道。

"恭喜你们，做出了光帆和核火箭的结合体[1]！"钢笔小姐也惊叹连连，很快她贴心地转向了星星，调侃道，"不过，你得给这小家伙好好解释了。这个任务可不比登天轻松多少。"

"看来我需要个帮手了。"在高领衫先生的呼唤中，一个从未谋面的先生驾驶着豪华的电动沙发[2]，沿着坡道匀速下滑，来到了星星面前。星星看着他，就像在无风的早上抬头看到了降落伞。

---

1 我之所以会把"鲸鱼号"设计成这两个东西的结合体，是因为这两个技术是"近未来"有望实现的，首先核火箭在技术上是可行的，只是目前还不可控，有一家英国公司甚至提出2025年可以推出原型机（是否商业炒作无从查证）；其次，光帆被很多科学家推崇，在太阳系范围内肯定是可行的，飞跃太阳会比较难。因此在这里设想了一个改良版。

2 原型是英国理论物理学家、宇宙学家斯蒂芬·威廉·霍金（Stephen William Hawking, 1942—2018)，他生前参与过一个叫作"突破摄星"的光帆计划，所以由他来解释光帆的原理是恰如其分的。

11. 太阳巨帆

"我就知道船票不是白送的。"来人轻轻拨动操纵杆，红褐色的羊皮坐垫灵巧地停靠在星星面前。他转动面部，固定在沙发后方的一个灰色盒子发出机器人式的声音："不过我不是针对你，我经常听到孩子们问起'宇宙一开始是冷的还是热的''宇宙是圆的还是方的'这样的问题——很难在大人们那里听到这些。"

"我现在更想知道这艘飞船是怎么回事，'沙发先生'。"星星说。

"看来我有了一个新绰号,谢天谢地,不是'轮椅先生'，"沙发先生诙谐地说道，"那么我们就从这些格栅板说起怎么样？就像看上去那样，它们是一些电池板，里面藏着光帆。"

"你可能还得从头说起。"高领衫先生在一旁悄声提醒。钢笔小姐则默默打开了笔记本。

"你可真会给我出难题，"沙发先生又咧着嘴，转动了一下脸颊，"进入轨道后，这几个双面的太阳能电池板就会像翅膀一般打开，几根金属吊杆共同撑起一张三角形的薄膜，这张看起来镜子般的膜就是光帆。你可以想象有一艘帆船，桅杆上升起的帆是用来收集风能的，这儿的光帆就是来向太阳讨要能量的。数十亿个光子被太阳核心抛出来，撞击着这些薄片，产生的能量会将飞船推着走，就像利用洋流推动船只慢慢前进一样，费不了一丁点儿化学燃料。"

"不过缺点也很明显，"他戏剧性地叹了口气，"如果飞得太远，太阳能就不够用了——站在冥王星上看太阳，太阳只不过是一颗再普通不过的星星。当然，也可以从地面发射激光来助它一臂之力，但是光子在长途跋涉时总会出现衰减。"

"那个'大勺子'[1]是用来舀起宇宙中更多的光子的吗？"星星问道。

"这么聪明的孩子是打哪儿来的？"透过镜片，沙发先生用力地睁大了一只眼睛，"不过它的目标可不是舀起光子，而是为了吸到更多氢气。火箭总要有燃料可以烧吧。氢气

---

[1] "巴萨德勺"是美国物理学家罗伯特·W. 巴萨德（Robert W. Bussard, 1928—2007）在1960年提出的一种星际空间驱动器模型。

就是燃料。你可以想象,苦行僧从来不会把食物都背在身上,边走边化缘总是更好的主意。只是太阳附近的氢气密度是银河系平均密度的十分之一,需要先让光帆把我们推到燃料更富余的地区。"

"那么,这些氢气要怎么烧才能让飞船飞到老人星呢?"

"老人星?那儿发现宝藏了?"沙发先生的脑袋慵懒地斜靠在肩膀上。

"我要去找外婆!"星星大声说。

"原来还是个有情有义的小东西,这最好问问他了。"沙发先生凑到星星跟前,压低从沙发后方那个灰盒子发出的声音,狡黠地朝高领衫先生的方向挤了挤眼睛,"不能让他白拿船票呀!"

12. 生态船舱

不知不觉中，通往"鲸鱼号"的阶梯布满了点点星光，那些星子还贪婪地爬上天花板，上浮、沉落、弥漫，很快席卷了整个地下空间。"今天是试运行的前一天，你们来得正好，这些灯光就是为参观者准备的。做人总要有点仪式感。"高领衫先生心情愉快地在前面带路。

他们穿过那只"勺子"，进入后方的圆柱船舱。一股潮湿温暖的气流扑面而来。星星的脚下软绵绵地覆盖着一层熟褐色的肥沃土壤，和爸爸登山时遇到的一样。舱壁上是一大圈在某种海绵状的石料上穿凿而成的洞穴，显然是供宇航员休息的。

"要知道，过去我们充其量是在飞船里种点藻类，利用它们产生的氧气，回收系统中85%的水分，肉类、压缩饼干、碳水罐头都是从外头带来的，排泄物也只能被储存起来。告诉我你们会更喜欢现在这个全生态船舱，"高领衫先生期待地看着另外两个人,"你们脚下的合成土壤充分利用起了粪便和灰尘,就像大自然每秒都在发生的那样。我们还考虑利用那些袭击飞船的小流星和微陨石的弹片,里头有电磁光谱和有用的化学成分——地球本身就像一艘装备精良的飞船,一直在为人类做这样的事。至于这些好像原始人居住的洞穴,你们一定想不到,制作材料是由粪便中那些难以消化的纤维转化而成的。"[1]

星星在这个绿意盎然的温室四处转悠,在一个角落,高领衫先生笑意盈盈地来到面前,问她是否愿意了解一下飞船的发动机——那只拴在船舱后部的细颈瓶。

"'勺子'的作用是从星际空间舀起更多氢气,就像鲸鱼用鲸须从大量海水中过滤出鱼虾随后美餐一顿,飞船在前面用这个带着强大吸力的'漏斗'收集氢气,燃料就被送到了后面的瓶子,这就是你刚刚问的,氢气能做什么用,氢原子的原子核将在那里发生聚变。"高领衫先生解释道。

"我想小星星还不理解什么是'核聚变'。"那支蓝色的钢笔又在钢笔小姐的指尖转动起来,停息的时候,与纸面摩擦发出轻微的沙沙声。

---

[1] 生态飞船原型来自行星协会支持的一个叫"珀耳塞福涅"的项目,该项目旨在用生态有机的方法打造未来飞船的内部。

"能借用一下你的那些小球吗?"高领衫先生从地上站了起来。

那些充满魅力的弹力球到了他的手上,"如果要你将小球切开,只需要一把不怎么锋利的水果刀……"

"但它们很漂亮。"星星说。

"是的,这只是打个比方,如果现在换个任务,我希望你将碎片重新聚合起来,变回一个小球,是不是听起来有点强人所难?"

星星点了点头,"这是不可能的。"

"不要轻易这么说,我的小朋友,如果邀请你来到一个极小的世界,这个球是原子核,你就会发现这再寻常不过了。"他将小球还给钢笔小姐,继续说道,"将'小球'——一些小而轻的原子核合在一起,变成'大球'——一些大而重的原子核,就是那只瓶子里每分每秒在发生的事,也是群星告诉我们的秘密。"

说罢,他扶着那粗糙而又真实的石壁,慢吞吞地走到洞穴前方那面透明舷窗前。钢笔小姐紧随其后。群星正散漫地穿行于银河的沙堤,流星倾盆如雨,仿佛有几亿颗那么密集。视野后方,一轮满月温柔地恭候他们的大驾,就像在雾中等待了几千万年。

"那不是满月,"钢笔小姐似乎能听见星星心里的私语,"那是太阳。小星星,我们正在穿越奥尔特云。"

13. 恒星的日常

　　几乎每分钟，都有星体变得大一点，再大一点，很快，一些星体就充斥了星星的全部视野，再以忧伤的背影离去，变成夜幕中的碎片。世界只剩下星星，她好像与一颗星又一颗星跳起了踢踏舞。她享受不可思议的时光，想象用不了多久，那颗好似结晶的乳白色星体就会出现在这条路的尽头。那就是老人星。

　　"现在'瓶子'正在工作，你听不到一丝噪音，所以这台精妙发动机的贡献很容易被忽视，它正将'勺子'收集到的氢原子核变成氦原子核。"高领衫先生将她的思绪拉回眼下，"氢原子是所有种类原子中最轻的，你可以看作是小一点儿的弹力球，相比之下，氦原子核就是大一点儿的弹力球。"

　　"可它们都是很小的，小到根本看不见，又能出多少力呢？"星星不由想起了力大无穷的黑洞。

"你完全弄错了，从密度的角度看，原子核力大无穷，在原子内部的空旷地带，只占到几千亿分之一体积的原子核集中了原子大约99.95%的质量，这和太阳在我们这个星系的地位相差无几，如果我们在1立方米体积的容器内装满原子核，它的质量将达到一百万亿吨。"

星星听得目瞪口呆。

"你得记住，质量越大，能量也就越大，所以地球可以捕获我们，地球又被太阳捕获。"高领衫先生笑着说。

一颗小型陨石正向星星飞来，千钧一发之际，又像水蒸气那样消散于无形。

"爱因斯坦先生告诉我们，质量可以转化成能量[1]，如果物质丢失了一些质量，就会产生惊人的能量。具体有多惊人呢？光速已经是天文数字了，转化的系数将是光速的平方。可见这是一个多么令人敬畏的数字。"高领衫先生并没有像星星那样紧张地呼出一口长气，而是继续平静地介绍

---

1 爱因斯坦最著名的质能守恒方程 $E=mc^2$ 是一个数学推导的计算结果。根据公式，物质的总能量（E）等于其质量（m）乘以光速（c）的平方。光速的精确值是299792458m/s，由于光在真空中的传播速度不变，经常作为物理常数来使用，所以不必纠结为什么会在这个公式中出现光速这个数值，只要知道这个数值十分巨大就好了。

这场原子的风暴，"'瓶子'里，氢原子核聚合成氦原子核时，氢原子核就将一小部分质量弄丢了，能量便喷涌了出来。"

钢笔小姐也停下笔，抬起了头。"你可以记住太阳，小星星，虽然它现在已经距离我们一光年那么远了，"她说，"'瓶子'就像是一个人造的太阳，模拟着太阳如何用阳光哺育我们的整个过程。"

"我很喜欢'人造太阳'的说法，太阳的核心就是一座接近完美的核聚变反应炉，在那儿，每4个氢原子就会聚变成一个氦原子，大约有7‰的质量凭空消失了，差不多每公斤氢原子会聚变成0.993公斤氦原子，丢失的这部分质量就被直接转化成了能量，从太阳引力中逃了出来，以光子的形式抛洒向宇宙的各个角落，"高领衫先生说，"光子成了我们这个美丽星球的显影剂。假设没有光子在物质间的自由穿梭和反射，世界的影像将不复存在。今天你看到的一切都来自原子核的聚变。"

星星相信这个说法。没有光的地方，世界变得百无聊赖，只能坠入梦乡。

"每秒钟参与太阳核心聚变的氢原子有6亿吨那么多，所以每秒就有430万吨物质被完全转化成了能量。太阳就是靠这些能量来哺育我们整个光荣的行星家族。"笑意荡漾在高领衫先生的唇角眉梢,"但宇宙的自然总是如此和谐而高效,让人望而却步,现在'鲸鱼号'只能做到将两个氢原子核聚变成一个氦原子核,这样就将大约1‰的质量直接转化成了能量。将这些能量全部加载在氦原子核上,就可以让氦原子核带着飞船一起发射出去啦。现在只能做到这一步,抬头看看太阳,你就知道,也许只有恒星握有这项技术的完美图纸。"

说完,他将头转向窗外,久久凝望着远方一幅令人愉悦的无边的画卷。

"每次你抬头仰望天空时,每一个光点都在提醒人们,聚变的能量可以从氢和其他轻元素中提取出来,这是整个银河系的日常现实。"[1]翻开蓝丝绒笔记本,钢笔小姐诵读起刚刚写下的句子,随后,递给那位博学的先生一个直抵心灵的微笑。

---

1 摘自卡尔·爱德华·萨根著作《宇宙》。

14. 搜寻后花园

一团火红色的星床出现在星星的鼻尖。"鲸鱼号"飞出了太阳系的"丛林",继续往银河系的深处漫游。三个人已经来到了那颗距离太阳最近的恒星的浮雕面前。它看起来就像一朵永恒怒放的玫瑰。

而在比邻星周边的暗夜里,一丛微火在跳动,像要迫切地向这颗比太阳整整昏暗了 500 倍的母星奉献自己的全部。

"那是比邻星 b,一颗非常著名的小行星,在我们的航线图上,它总是第一个出现。它也像地球那样拥有一个岩石的表壳,体积大概是 1.3 个地球,也就是说非常接近,但是围绕比邻星转一圈的时间只有 11.2 天,所以那儿的'一年'只有三分之一个月那么短。比邻星 b 比较像月球,只有一面朝向母星,另一边是无尽长夜。"

"你已经去过那儿了吗？"星星斜着脑袋。似乎没有什么是高领衫先生不知道的。他对星空的了如指掌令人心生敬佩。

"我将要去，尽管还没有地球人能在有生之年到达，"他温情脉脉地回视星星，"我将从那儿看一看天空，那里永远都充满了日落的余晖[1]。"

"鲸鱼号"并没有停靠下来，他们迅速告别了半人马座，毫不犹豫地向着更旷寥无际的星际空间飞行。

"老人星比比邻星远了70多倍，我们现在或许无法抵达，但依然值得为它想尽办法。因为那颗星星上有你深深爱着的人。这真是令人感动，"一丝不易察觉的温柔闪过高领衫先生炯炯有神的眼睛，"我们也是一样，出发远行总是需要一个理由，宇宙是一片漆黑的旷野，我们得靠那些远远近近的坐标指明方向。"

寻找适合人类居住的后花园就是一个巡天的理由。用钢笔小姐的话来说，很久以来，人们就想要在银河系中筛选出宜居地带了。那些星球应该拥有稳定轨道，距离恒星不远也不近，质量适中。人们期盼着有一天像驾驶着木壳

---

1 比邻星b由于母星很昏暗，且充满了一些化学气体，因此推测从比邻星b看到的天空是这个颜色的。

船踏上新大陆的先祖那样,能去那片崭新的土地安家。

"鲸鱼座那儿就有一颗与太阳极其相似的恒星,鲸鱼座τ星。它的质量和半径大约相当于0.8个太阳,"钢笔小姐抬手微微转动了一下帽檐,"这颗恒星捕获了5颗行星,只比太阳系家族小了那么一点点。其中有一颗被称为e星的行星就很耀眼。它公转的速度比较快,那儿的一年是168天,到母星的距离大概近似位于水星和金星轨道之间的位置,但是母星辐射的能量要比太阳少一半,所以e星上的温度很可能是适宜的。更大的好消息是,它距离地球不到12光年,并非那么遥不可及。"

高领衫先生也表示赞同:"还有登陆蒂加登星系统中的一颗行星,半个世纪前人们就发现它的质量和地球差不了多少,母星恩赐给它的光能大概是太阳给地球的1.15倍。他们猜想它的表面非常可能存在液态水。这颗行星距离我们也不到12光年,早晚都会变得触手可及。"

"那么,那么……"星星有点欲言又止。

"暂时还没有来自老人星的好消息。"高领衫先生将手轻轻按在星星的肩头,心领神会地转移开话题,"但地球并非孤独星球,我们在很多星星上都捕捉到了氧气留下的痕迹。"

从花盆般的帽檐底下,钢笔小姐探出一张圆脸,"小星星,每当夏夜,你都能在晴朗的夜空看到3颗闪亮的星星近乎等距地排成一列,是不是?午夜一过,它们就渐渐垂落,直到黎明时分跌落地平线下……"

"猎户座的'腰带'[1]!"星星抢答道。爸爸已经带着她观测那里好多次了。

"对,在那儿,我们就发现了氧气,氧气的丰度[2]只有氢气的百万分之一,非常珍贵,地球生命的幸运就在于拥有丰富的氧气。氢气加上氧气,在适当温度的撮合下,也许就能产生水。"她说。

"氧分子和其他气体分子摩擦碰撞留下的'指纹',也许是宇宙最让人愉快的图案。"高领衫先生又露出了开怀的笑,"不过,你不用为了没能在老人星找到氧气难过,一些恒星上很可能存在截然不同的生命形式。尽管地球生命是光合作用的产物,但在地球的童年时期,主人是一些古老的厌氧菌,它们的呼吸既不产生氧气,也不依赖氧气,甚至还与氧气为敌,但并不妨碍它们在漫长的时间里主宰了

---

1 在猎户座内的一个星群,包含猎户 ζ(Alnitak)、猎户 ε(Alnilam)、和猎户 δ(Mintaka)3颗亮星,正好可以连成直线,被想象成缠在"猎户"腰上的皮带。

2 指一种化学物质占自然体总重量的百分比。

地球。"

窗外变得热闹非凡。一件由错综复杂的弧线编织成的"毛衣"从子夜的内部升腾而起，向他们快速飞来。但是，当星星伸手触碰星云重重叠叠的纹理时，再次立刻意识到像那些游动在海底深渊的狮子鱼、像逃离太阳系的"旅行者一号"一样，它也是天文馆为自己制造的厉害的幻觉。在这个幻觉里，"鲸鱼号"已经跨越众星的藩篱，向着一片混沌未开的真空飞驰。

15. 往事画廊

"鲸鱼号"的灯熄灭了。"希望你喜欢刚才的模拟飞行,今天的试运行就到这里啦,人们还得为真正的首航努力,"从阶梯迈向地面,高领衫先生将手伸进了背包,说道,"飞船总有一天会抵达你要去的地方,暂时去不了的只是我们这些人而已,即便我们中途下船,或是老死途中,它也会继续飞行。所以我准备了这个玩意,我亲爱的小旅伴,你会得到第一个邀请。"

"这是什么东西?"星星将它摊在手掌上把玩。

"我不反对你把它当作一盘磁带,当然,它是用比钻石还坚硬万亿倍的材料做的,你可以扣动这个开关,"高领衫先生指着一粒金属凸起,说,"它会记录下你脑海里想说的话。也许有一天,我不能承诺,但是坚信有那么一天,有'人',姑且就这么自大地称呼吧,有人会在别的星球接收到这些讯息。"[1]

星星睁大了眼睛："会是老人星吗？"

"当然，当然。"高领衫先生肯定道，"好啦，祝你接下来的旅程顺利，我就不能送你啦！"他的手臂悬停在半空。

星星感到一阵不舍。

"我会继续陪着你的。"钢笔小姐摸了摸她的小脑壳。

上升的悬梯尽头，竟然是一个地道的夹层。随着吱呀一声，她们来到了一个空旷而又五彩斑斓的空间。色彩来自四周墙壁上的画像和照片。星星觉得这儿像是博物馆陈列资料的画廊。等她回头张望，刚才连接夹层的机关墙上，挂着一幅熟悉的肖像。

"高领衫先生！"她忍不住惊呼。他在那儿，教授风格的西装里衬着淡米黄色的高领衫，将镶嵌着一对深邃眼睛的脑袋牢固地支撑起来。星星凑近那幅肖像，一块铭牌上雕刻着他的名字和生卒年："卡尔·爱德华·萨根（1934年11月9日—1996年12月20日）。"

忽然，星星疯狂地朝角落奔去。光洁的地面就像传送带。她向那个地方飞奔，停在了一块液晶荧屏前。

---

[1] 萨根为"旅行者一号"设计了金唱片，将人类的众多文明形态以声音形式送入了太空。此处以磁带表示致敬。

"外婆！"她的声音回荡在空荡荡的展厅里。

外婆一动不动地待在荧屏上。她再次拄着那根树干刨制成的拐杖，笑眯眯地眍着一对枣核般的小眼睛，头发梳理整齐，就像那排以假乱真的牙齿。

星星踮起脚，按照荧屏下方的说明抬起手，果然，外婆的拐杖也随之飞了起来。她小心翼翼地挪动手臂，遵照指示，隔空将拐杖放在了指定的地方——外婆左面的落地镜旁。

"星星，你好吗？我们又见面了。"外婆说。

星星泪眼婆娑地扑上前去。"外婆！"她又喊了一声。

"不要哭泣，我们还会见面很多次的，"慈祥而沙哑的声音响起，"我们也会告别很多次。这只是第一次。"

16. 奇异物质

在星星和外婆影像的交互中,钢笔小姐悄无声息地闪到了身后。外婆灵活地迈开双腿,就像过去她健步如飞的时候一样。在星星恋恋不舍的目光中,她来到那面落地镜前。星星透过镜像再次看到她的脸。一张哭泣的悲伤的脸。

"外婆,你怎么啦?!"她不解地大声叫喊。

"嘘,小星星,外婆没有哭,其实她在笑,镜子里的影像完全是反的。"钢笔小姐说出一个奇怪的解释。

旋即,镜子里的"人"走了出来。星星再次揉了揉自己的眼睛,不确定那是不是真正的"走",因为一切发生得太快了。一片强烈的白光闪过荧屏,外婆再次消失无踪。

"外婆去哪里了?"星星几欲落泪。

"她遇到了自己的'反物质'。她们一起湮灭了。"

"我不明白'湮灭'是什么意思,是'死'了吗?"其实星星也不知道死亡是什么,但爸爸告诉过她,群星也会死,死亡并不是不复存在,而是再也看不见了。这个时候,突然这个词就出现了。

"外婆是一种物质,我们都是物质,那个和她性质完全相反的东西就称为'反物质',在这个教具里,反物质住在镜子里。外婆笑嘻嘻,另一个就哭唧唧。"

"教具?什么教具?"

"就是这块荧屏,小星星。"

外婆的笑容重临心头。星星带着哭腔说:"我听不明白你在说什么呀。"

荧屏上又出现了一个影像。这次是穿着背带裤、头戴渔夫帽的人。"是你!"星星冲钢笔小姐喊道。

"就让她来替我解释吧。你抬起手臂,指挥钢笔放进她的口袋里。"像身旁的钢笔小姐一样,荧屏上的虚像也对星星友善地微笑。

"所以刚才外婆也不是真的吗……"

"所有物质,有生命的花朵和蜗牛,或是没有生命的石头和玻璃,都是原子做的,把原子切开,就看到了原子核和电子,把原子核再切开,就看到了质子和中子,所以,所有物质都是用电子、质子和中子做的。"在星星沉吟的片刻,那个人已经迫不及待地说道。

"那反物质又是什么呢?"星星疑惑地问身旁的钢笔小姐。

"你可以直接问我。"荧屏上的人率先发话,"反物质就是由反电子、反质子和反中子组成的。电子带负电,反电子带正电;质子带正电,反质子就带负电,电性是相反的;而对不带电的中子来说,在磁性上,反中子和中子是相反的。"星星眨着眼睛,说:"物质是可以看到的,一朵花会在草地上开放,闻得见香味,那么反物质又在哪里呢?"

"聪明的小姑娘。这个问题好极了,每当物质和它的反物质相遇,它们就会同时消失。我们说它们'湮灭'了。很久很久以前,宇宙还是新生儿的时候,除了有物质,还有反物质,只是不知道什么原因,反物质的数量比物质少,反物质都遇到了物质而湮灭殆尽,所以你看不见它们。"在宽敞的荧屏上,另一位钢笔小姐精神焕发地说道。

"等等,既然看不到,你又怎么知道有反物质存在呢?"没人能轻易说服星星。

"好极了,因为反电子、反质子、反中子已经被机器陆续探测到了,这些粒子能够拼装组成反物质。"

"这些粒子又躲在哪里呢?"

"我们最初找到的是反电子,你肯定想不到,香蕉里就有反电子[1]，宇宙射线里更是一点儿也不罕见，再后来，反质子和反中子也在实验室里找到了[2]。"

"那片白光又是什么呢？我还以为是那些光带走了外婆。"朝着荧屏，星星挥动了一下前臂。

屏幕上的钢笔小姐不得不扭摆脖子。"别动，你这个小东西，可别逼我做个小丑，"尽管被迫做出一个滑稽别扭的姿势，她还是称职地解释道，"反物质与物质发生'湮灭'，两个质量就同时消失了，这意味着物质将丢失100%的质量。"

"想想'鲸鱼号'屁股后头的瓶子……"钢笔小姐拉了拉星星的衣袖。

"嗨，现在是我的发言时间，你们天天待在一起，我一个人在这个空荡荡的画廊待得够久了。"荧屏小姐笑眯眯地嗔怪道。

钢笔小姐连忙冲她欠了欠身子。

她也报以鞠躬，而后说道："太阳那么完美、高效的核

---

[1] 香蕉中含有天然放射性同位素钾40，每1小时左右钾40的衰变就会吐出一个带正电荷的反电子，而物质世界的电子是带负电荷的。当这个"反电子"遇上第一个电子，就会发生湮灭，只是产生的能量微不足道。

[2] 保罗·狄拉克（Paul Dirac，1902—1984）在1933年首先预言了反质子的存在，1955年加州大学伯克莱分校物理学家埃米利奥·塞格雷（Emilio Gino Segrè，1905—1989）和欧文·张伯伦（Owen Chamberlain，1920—2006）透过粒子加速器发现了这种反粒子。1956年，美国物理学家布鲁斯·考克（Bruce Cork，1916—1994）在劳伦斯伯克利国家实验室发现了反中子。

聚变反应，也只有7‰的质量可以转化成能量，当'湮灭'发生时，100%的质量就会直接转化成能量。这个引擎，我是说如果造得出来的话，将是无敌的。星空会成为你的嘉年华。"

17. 肥皂船

如果能在飞船屁股后头装载一堆物质和反物质，随后驱策它们同归于尽，距离老人星就会更近一步吧？想到这一点，星星终于破涕为笑。

"理论确实支持这一点。只要有 0.5 克反物质与 0.5 克物质碰撞'湮灭'，我们就会得到 90 万亿焦耳的能量，相当于 1000 颗原子弹同时爆炸。假如能用反物质做引擎，很可能将飞船的速度提高到 70% 的光速，那么，用不了 10 年，我们就可以来一次往返比邻星的历险了。"荧屏小姐说。

我才不稀罕去什么比邻星。星星暗自想。

荧屏熄灭，画廊又只剩下了两个人。她们慢慢地踱步，一一穿过那些肖像下方的铭牌：尼古拉·哥白尼、约翰内斯·开普勒[1]、伽利略·伽利莱、张衡、皮埃尔-西蒙·拉普

---

[1] 约翰内斯·开普勒（Johannes Kepler，1571—1630），17世纪科学革命的关键人物，他发现的开普勒定律直接启发了牛顿发现万有引力。

拉斯[1]、艾尔伯特·爱因斯坦、斯蒂芬·威廉·霍金……

外头连通了一片草坪,草叶正在休眠。钢笔小姐带领星星继续在阳光下散步,渐渐向着一个半卧姿势的背影靠近。那人悠闲地用肘部支起一个大脑袋。

"你在做什么?'格子先生'[2]。"星星看到他正望着前方发呆。那里摆着一只塑料脸盆。

"做实验。"穿着格子外套的先生平静地答道。走近后发现,一件黑色毛衣的领口露出了他的外套。星星调皮地将手指伸向水盆。

"还得再等一会儿。"格子先生并不生气。他将一张纸对折,动作麻利地叠出一艘小船,在船尾扎了一个小孔。接着,他又用剃须刀片从肥皂上切下小小的薄片,插入了小孔之中。

等到水面完全平静下来,格子先生将纸船放了进去。它像被架上弹弓似的,毫无声息地迅速射向前方。

---

1 皮埃尔-西蒙·拉普拉斯(Pierre Simon Laplace,1749—1827),法国著名天文学家,天体力学的集大成者。

2 原型是科幻作家刘慈欣,他爱穿格子衬衫,喜欢跑步。此处提及的"曲率引擎"是他在《三体Ⅲ·死神永生》中描述过的。

格子先生抬起头，透过一副树脂做的黑框眼镜，似有似无地打量着星星。

"是什么在推它呢？任何东西往前走，都是有力量在推的。"星星问道。

"引擎就是那块肥皂片，"格子先生不紧不慢地回答，"大概有必要先说一说水里发生的简单事实。一滴水受到挤压，它的表面会产生一种反作用力，好像有个力量在对抗你，这被称为张力。"

星星鼓起腮帮，挠了挠头。

"这么说吧，清晨公园里的叶片上缀满了露珠，而不是滑落下来；你往一枚硬币上连滴几十滴水，会附着在表面弯曲成一个半圆，而不是立刻溢到桌子上；轻手轻脚地将回形针放进水缸里，它会漂浮而不是沉下去。这些都是因为水的表面存在张力，"格子先生说，"如果小船前方水面和后方水面的张力相同，它就会保持静止，但是肥皂打破了僵局，它里面的物质可以减小水面的张力，后方水面的张力变小了，前方不变，就像拔河一样，小船自然就被拉向前方。现在如果这盆水是宇宙空间，纸船是飞船，可能也是这样的。"

钢笔小姐拿出笔记本唰唰书写起来。

"宇宙是不平坦的，到处都在弯曲。"他说。星星想到了那个黑暗房间里，那块丝绒做的桌布。大大小小的弹力球让它变得坑坑洼洼。

"所以如果可以把飞船后方的空间熨得平一些，飞船自然就会向着前方更加弯曲的空间行进。请记住，加速度永远只有一个方向，从弯曲程度更小的空间，指向弯曲程度更大的空间，也就是从更小的空间曲率指向更大的空间曲率。而这个速度是有可能逼近光速的。"一道光线开始缓缓从格子先生始终平静的脸上撤退。

"好了，现在我要去跑步了。"他轻快地说，仿佛即将向着繁星密布的时空广场阔步前行。

18. 树　墙

　　天文馆和小镇的街道没有明显的分界。起初，两个人只是信步而至，漫不经心地挑选了连接草坪的其中一条岔路。"我记得来时有一棵大榕树，和爸爸在院子里种的很像，但它有一个漂亮的蔚蓝色的树冠，在那儿我遇到了高领衫先生，他指导我沿着小路往前走，随后我看到了一面瀑布。"星星回忆道。

　　"这儿都是通的，不必担心。然后，你可以相信那些方法，小星星。"背带裤的一条肩带滑落下来，钢笔小姐伸手拉齐。

　　"什么方法？"

　　"星际旅行的方法，它们都可能带你去往老人星。"她忽然伸出手，将手指穿过从腰部纽扣生长出来的两条交叉背带，"不过现实还存在一些问题，希望这不会扫兴。"

　　"什么问题？"星星低着头去踩阳光的衣角。这条路弯弯曲曲，四季常青的行道树像鲸鱼的肋骨，在半空擎起浓荫的隧道。

"地球是很重的，当然，这是相对你我来说，放在天体中只是小老弟。这么重的星球造成的空间弯曲，给物体带来多少加速度呢？"阳光洒在钢笔小姐饱满的脸蛋上，"每秒只能够增加 10m/s 的速度，可想而知，要求给飞船增加每秒几万公里的速度，需要多大的质量。"

她停顿片刻，耸了耸肩，继续说道："反物质引擎也没好到哪里去，虽然实验室里已经造出了反物质，但生产反物质就要消耗物质，消耗的物质总是比产出的物质更多，因为生产过程中肯定会有损耗，制造 3000 个反质子需要 12 万亿个质子，每生产一千亿分之一克的反物质就要烧掉 60 亿美元。在成本降下来之前，事情还有点难办。"

"但它们是可能的，对吗？"星星毫不在意地昂着头，享受阳光的施与。

钢笔小姐用手轻柔地拂去一块树叶布下的影子，回应道："你说得很好，小星星，一切都是可能的，谁也不知道哪个发现会突然让你的梦想成真。"

弯弯曲曲地前行了一会儿，树道越来越窄，越来越高，她们就像穿行于迷宫般的树墙之间。"对不起！"身后传来一个细声细气的声音。

"抱歉，不介意的话，请允许我先往前挪动几步？"来人是一个个子不高的老头。几簇白发稀疏地分散在头顶，对他的前额毫无怜悯。[1]

"当然。"钢笔小姐转过身，勉强为他让出一条道。

"非常感谢，你们也可以尝试像我这样快速运动，"他迈开双腿，"我从来不坐电梯，下次试试将手臂勾在栏杆里，在着陆时旋转，让自己像只陀螺那样依靠离心力动起来，这至少能帮助你们总是赶在同事之前到达食堂。"

星星摸摸鼻子，说："可是'领带先生'，您喜欢穿着西装，打着领带运动吗？"

"这可能会方便我随时进入思考状态，好吧，这是胡扯的，我只是懒得研究新的搭配，"他停下来，抬起手，摸了下额头，黑色西装下露出一个浆白色的衬衫袖口，"我得感谢你没叫我'领带爷爷'，但是你得为我换个更疯狂的名字。在明天到来以前，我还不知道自己打不打领带。"

"那我叫你什么呢？我们才刚认识，我不知道你喜欢

---

1 原型是约翰·阿奇博尔德·惠勒（John Archibald Wheeler，1911—2008），一位我非常喜欢的理论物理学家。他不仅是"黑洞"和"虫洞"名称的提出者，也是一位量子物理学家，极富瑰丽的科学直觉和想象力。他是贯穿全书的形象。此外，他注重运动，活了96岁，这里对他的生活习惯也作了一些刻画。

什么。"

"'乌鸦先生'怎么样？我养了一只乌鸦，或者说我将一只野生的乌鸦据为己有。"

星星不敢置信地脱口而出："怎么会有人养那种丑东西！"

"有人养鸽子，有人养孔雀，如果你们愿意的话，可以见见那只乌鸦，它比那些都美。"

"我家院子里也有一只乌鸦，你可别想蒙我。"

乌鸦先生大笑的时候，眼角纹路连着两道法令纹，组成了一个稀奇古怪的甲骨文图案。

19. 苹果的隧道

　　星星她们没能见到什么乌鸦。这个名不副实的乌鸦先生在山坡上修建了一座湖蓝色的木屋。如果不是来到这里，星星还没有鸟瞰过这座小镇。它浸润在夕光里，街道如触手般四散，伸向四周合围的群山。

　　他热情洋溢地将两个人请进屋，并邀请她们分别坐在壁炉前的躺椅上。壁炉上方挂着一块黑板。靠近沙发的茶几上放着一块椭圆形的大石头，一半是抛光的黑色，表面类似于阴阳符号。

　　"那块岩石大约有2亿年的历史，来自银河系的一次革命。"乌鸦先生躺在沙发上，将手指放在耳朵后头。

　　"你的椅子真舒服，乌鸦先生，上头像铺了一层羽毛一般柔软。"星星舒服地躺在躺椅上。上一次这么享受，还是在自己的沙发上……她盯着那块写满了数字和字母的黑板，出了会儿神。

"你说，飞船可以用反物质来推动吗？"她说。

"有可能。"

"那么用一只巨大的熨斗将飞船后面的路烫平呢？"

"为什么不可能？"

星星得意地和钢笔小姐交换了一个眼神。

"就连这个也可能飞跃星穿，"乌鸦先生从壁炉旁边的木柜里取出一只皱巴巴的风筝，"因为我压根就不知道它从哪儿飞来的。有天它就挂在树上，占了乌鸦的窝。没有什么是不可能的。"

钢笔小姐也饶有兴致地挺直腰杆，说："所以您倾向于认为白洞也是可能存在的？"

"好吧，这确实很有争议，但是为什么不呢？至少爱因斯坦的方程[1]允许它存在，"他笑眯眯地说，"白洞是一种理论推测出来的时空区域，物质与光线无法进入这个区域中，但是可以从这个区域向外放射。白洞的性质与黑洞相反。你将黑洞看作吞噬一切的血盆大口，完全有可能存在会将什么都吐出来的白洞。它的胃口可不怎么好。只不过还不

---

[1] 1930 年代由爱因斯坦及纳森·罗森（Nathan Rosen, 1909—1995）在研究引力场方程时假设黑洞与白洞连接在一起，穿过即可做瞬时间的空间转移或者做时间旅行，这种模型被称为"爱因斯坦－罗森桥"。

知道它如何形成，形成了多久。"

"有这么一种观点，宇宙最开始是一个密度极大的火球，发生大爆炸后，所有的物质都被喷射了出来，这种毫不保留的喷射似乎就符合了白洞的众多特征[1]。如果说黑洞是生命的挽歌，这种理论认为，或许白洞吹响了宇宙的号角。"钢笔小姐低声说。

乌鸦先生立刻笑着回应："这个说法很有趣！大多数情况下，我支持宇宙就是一盘双面磁带。"

"有人把这个给了我。"星星突然打断他们的对话，直起身，从裤兜拿出了那个包裹着丝绒外壳的小盒子。

"那可是个好东西，我也拿到了一盒。"

"你也知道'鲸鱼号'吗？乌鸦先生，据说这是一盒寄给外星人的磁带。"

"他们也给我送了船票，不过我并不打算登船，我们可能会有更简便、高效的星际旅行方式。"他从兜里掏出两支几厘米长的粉笔，同时用两只手在黑板上描画起来[2]，"这个是黑

---

[1] 2014年，法国物理学家卡罗·洛韦里（Carlo Rovelli, 1956— ）提出黑洞的死亡可能产生白洞。在黑洞的质量等于太阳的质量的情况下，要形成一个白洞需要大约四千万亿倍乘以宇宙当前年龄。

[2] 惠勒教学时经常施展的特殊技能。

洞，是一扇通往遗忘的单向门，物质只能推门而入，找不到出口，于是，我们想知道有没有办法从另一扇门穿过，是否存在一扇只有出口的门，事实上白洞的想法就是这么来的。"

"你的画功可没我好。"星星恶作剧般地说。钢笔小姐也抿着嘴。

"好吧，我确实不太擅长这件事，"乌鸦先生摊开手掌，"你们能看懂这是什么吗？"说罢他用粉笔在两扇门之间画了一道粗短的线。

"我想这是一座桥。"钢笔小姐的发言总是彬彬有礼。

"这可能是史上最偷懒的飞行方式，接下来可真的有点考验画技了，"他干脆信笔一挥，"假设粉笔是一艘飞船，它就要从黑洞的入口飞进去了，通过这座桥——连接黑洞和白洞的细管——可以立刻从白洞的出口飞出来。相比黑洞，白洞总是没什么胃口，它会将飞船吐出来。穿梭于黑

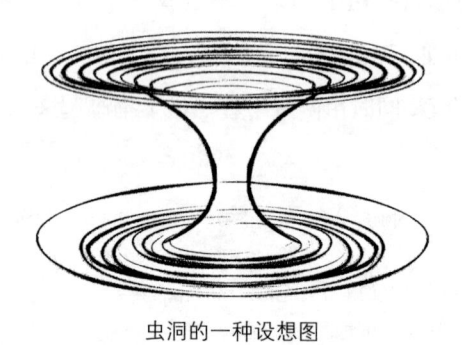

虫洞的一种设想图

洞和白洞两个空间的方案就这么写好了。"

窗外光线也在施展魔法，把黑板和桌上的苹果变成了金色。

"这就好了？"星星抬起眉毛。

乌鸦先生说："虽然方案这么写，实际上不那么可行。"

"啊，为什么？"

"因为即便真的存在，白洞也不太可能是稳定的，因为你不知道长久维持它的能量从何而来，它会抛射所有能量。任何物质，包括光子，都来不及从中穿过，这个不稳定的洞口就可能忽然关闭。不过，根据爱因斯坦先生的设想，'桥'可以用来连接宇宙中的任意两个地址。我们叫它虫洞。说到起绰号，看来我比你更厉害。"乌鸦先生不失俏皮地说，苍白的须发也被染成了金黄色。星星朝他吐了吐舌头。

"你讲得生动极了。"钢笔小姐停下了书写。

"麻烦你将那只苹果丢给我，就是水杯旁边的，"乌鸦先生弯着身子，指了指桌子，"质量告诉空间如何弯曲，而弯曲的形状又决定了其他事物是如何运动的。假设这儿就有一只虫子……"

"谢谢，"他接过苹果，用手指捏住苹果的两端，"虫子想从一端爬到另一端，怎么走最快呢？要知道，这是一只喜欢旅行的虫子。"

星星抢答:"是那种长了翅膀的虫子吗?"

"这就有点赖皮了,它可不会飞。"

轮到了钢笔小姐,"我想是从中间打个洞钻过去。"

鼓起双颊,乌鸦先生笑着说:"在宇宙这只大苹果面前,生命作为小小的虫子想要爬到远方去,最好的办法就是找到这条大胆而美丽的捷径。"

星星从躺椅上惊坐起来,瞪大眼睛问道:"那么,我可以穿过虫洞,去往老人星吗?"

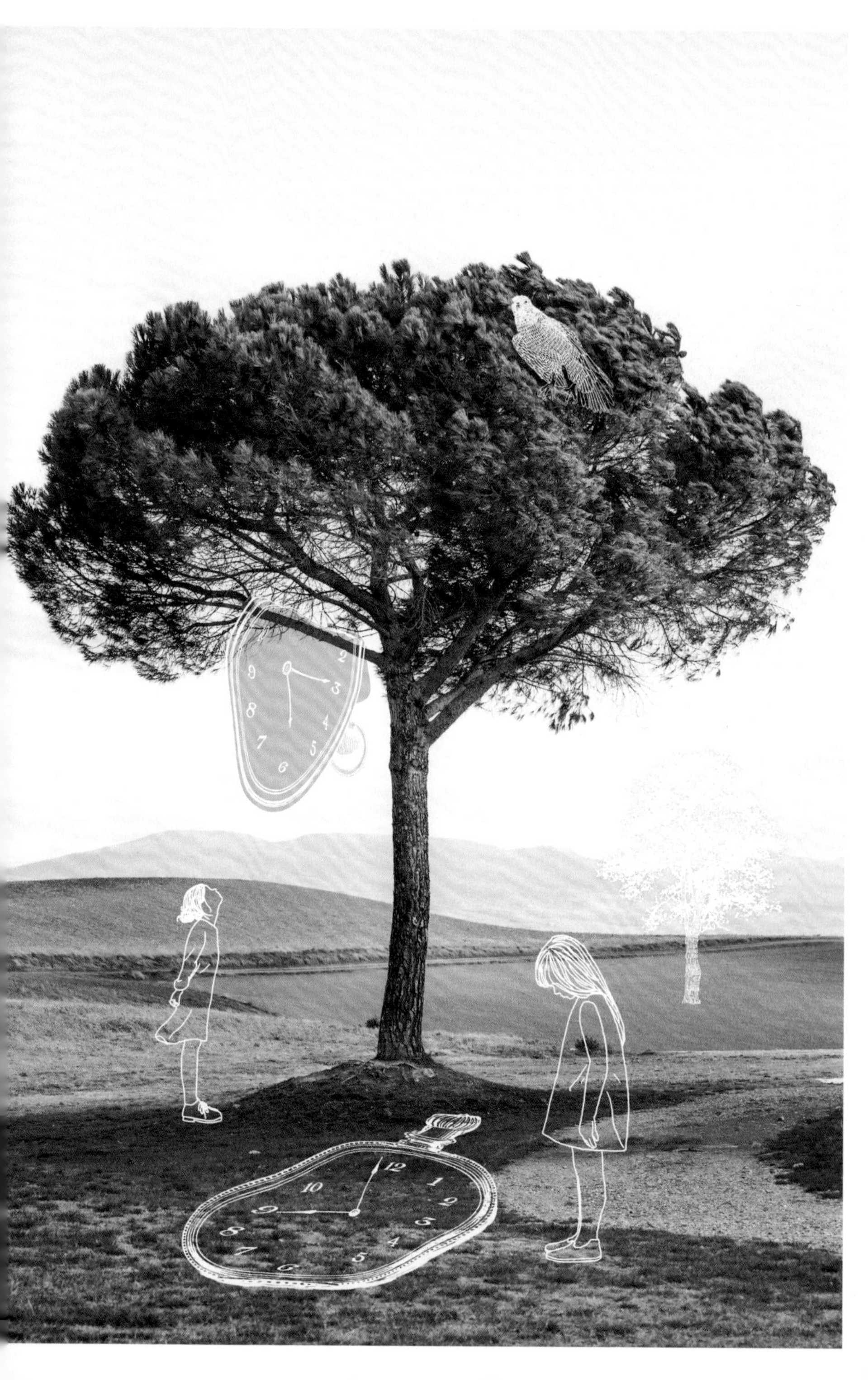

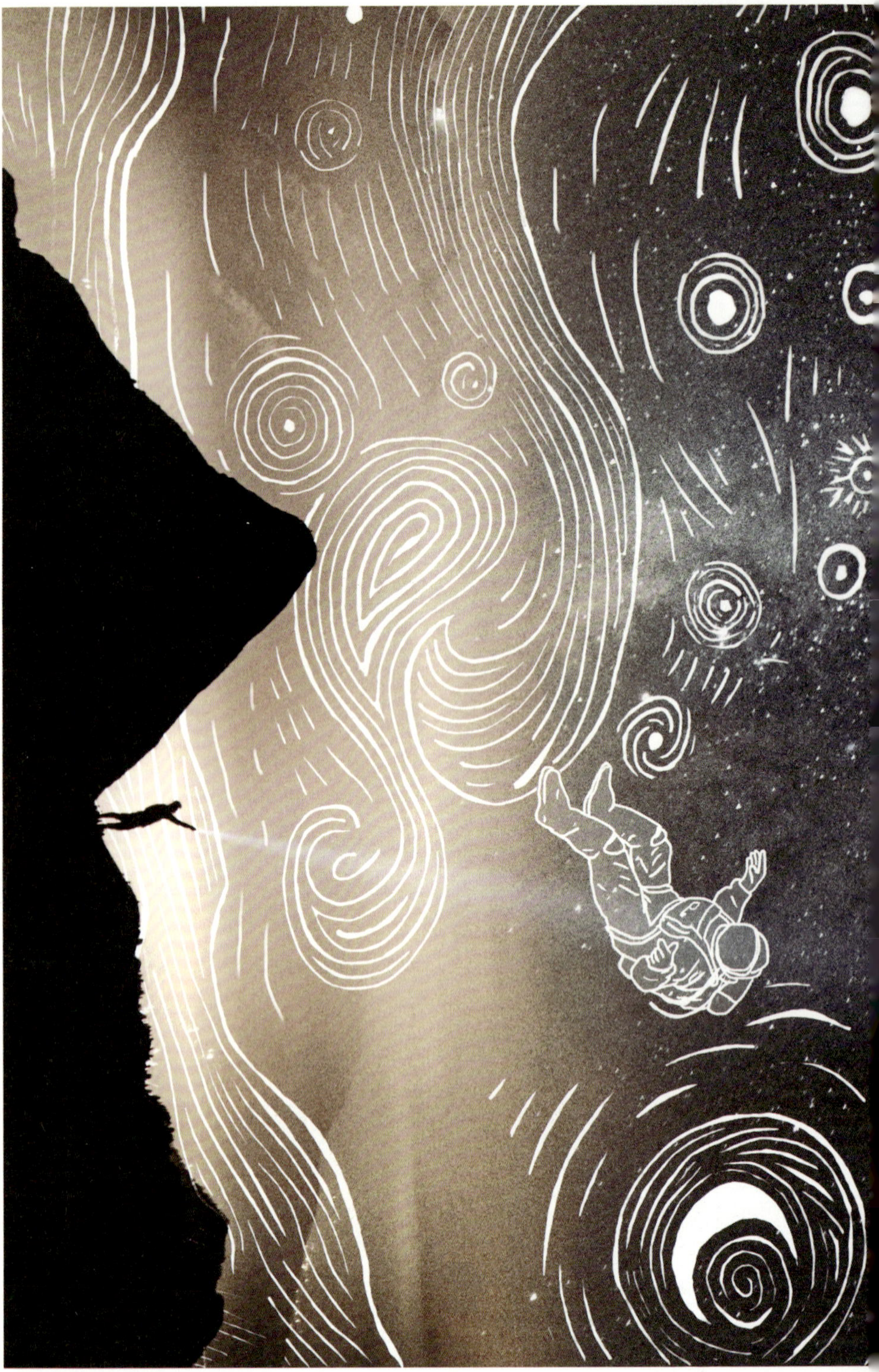

20. 穿越水晶球

"老师。"就在这时，有人来了。木屋被一阵节奏平稳的敲门声震动。

自称养了乌鸦的老先生慢悠悠地转到门廊下，打开门。是一个叔叔，他走进屋，将一把深蓝色的雨伞插进伞筒里，"变天了，下起雨来可能没完没了。"星星看向窗外，才发现早已暮色沉沉，凄冷的雨淅淅沥沥地洒落着。

"我刚听到有人想穿越虫洞。"这位不速之客微笑着看了看星星，把光秃秃的大脑袋歪向一边，爬过嘴唇一周的深米色胡须，轻轻抖动着。"一个可以穿越的虫洞，恐怕需要巨大的尺寸，光子从中心点出发移动到边缘至少需要1年，这是太阳到冥王星距离的1500多倍，地球腰围的7亿倍，银河系半径的十万分之一，要不然就像穿越一个黑洞一样，飞船会被不均匀的引力撕裂的，"他张开五指在空气中挥舞，仿佛在指挥一支看不见的乐团,"如果虫洞天然存在,这么个庞然大物能被放在哪里呢?望远镜已经能将100多亿光年范围内的恒星尽收眼底,它却无迹可寻。"

"或许虫洞内部并不产生引力,先生。"钢笔小姐说。

"很好,但是任何有质量的物质都会产生引力,要让虫洞没有引力,就要求它的内部被一些'负质量'的物质填满,让这些'负质量'产生'负引力',这样就有可能抵消虫洞自身产生的引力,支撑它稳定地维持住自己,而不是在飞船穿行过程中忽然坍塌。这座'桥'才算真的修好了。"

乌鸦先生将一个酒精纸球放到炉箅上,引燃一些细小的松针木柴关上炉门,将调风阀调到了最大位置。炉火的光渐渐在每个人的脸上弥散开来,就像是用毛笔在蘸了水的纸上画出的淡影。

"或许这些物质塞满了虫洞的咽喉,像一些非常细微的泡沫,不管虫洞两端的人距离多么遥远,整座桥可能只有几米长,""雨伞先生"的手势变成了演奏弦乐,"站在这一端的人朝着另一端望去将是一个扭曲的影像,仿佛是透过一只水晶球在看。"

"假设现在我们已经有了一个虫洞,一端放在这儿,另一端放在'鲸鱼号'上,你已经穿好了宇航服,一会儿就要出发了,我们不必说再见,因为无论你走得多远,我们都能通过虫洞看到彼此。"[1] 温暖的光点在他的指尖飞舞。

"这太棒啦!"星星跳了起来。炉火噼里啪啦地敲击音符,同时将废弃的气体送出烟道。

"你摇动操纵杆,进入太空并以光速飞行了6个小时,随后掉过头,以同样的速度回家,结束了12小时的航程,我们在这儿通过虫洞都看得清清楚楚,看到你旅行归来,降落在山坡的草坪上,走出飞船,走进了这栋木屋,在躺椅上睡下。"雨伞先生用手指敲了敲窗台,"但是当我们透过这扇窗来看,山坡上什么都没有,你没有回来,因为速度改变了你时钟的走速,对你的12小时来说,我们将等上10年。"

"我的时间变慢了。"

"是的,你仿佛分裂成两个版本,通过虫洞分享的你,以及从这个世界出走的你。"

"我可以更快到达老人星吗?"

"去那儿?那儿有什么?"

"他们说外婆死后,去了那里。"

"好吧,"雨伞先生颤抖着两片嘴唇,"小时候我也听说

---

[1] 改写自基普·S.索恩(Kip Stephen Thorne,1940—)在1994年所著《黑洞与时间扭曲》一书中出现的思想实验。

我的小狗去了星星上。"

"我可以更快到达那儿吗？"星星追问道。

"前提是我们真能造出虫洞，这起码需要一个巨大的负能量源作为稳定器，很抱歉现在我们不知道它们在哪儿，也对如何生产一无所知，但是也许，"他笑了笑，"老人星那儿有人知道。一定有比人类更高级的文明，只是我们还没有相遇。"

星星满意地回到了躺椅上，紧闭双眼，就像仰卧在一大片泡沫做成的毯子上。

21. 如梦之梦

星星睁开眼睛,凝视着一片熟悉的海滩。金黄的沙子散发着温热,海面展示着自己微微起伏的天鹅绒纹理,几只海鸟收起了红色的脚爪,伏卧大海的摇篮。

她又来到了这里。空气中还是那股树脂和碘的气味。一个身影由远及近,她知道那是谁。外婆没有骗人,她们真的还会重逢很多次。

"这次你是假的吗?"眼泪濡湿了星星的眼眶。海鸟在半空盘旋,向海里的磷虾和小鱼发出警告。

"我们每次见面都是真的。小星星,乖星星,我们又见面了。"

海风轻轻掀起外婆的衣角。那是她最喜欢的一件衣服,米粒大小的黄花点缀在蓝布上。

星星再次揉了揉眼睛。"你的飞船在哪儿?"她说。

外婆只是静静地微笑,过了一会儿,海风重新带来了她慈祥的声音,"别忘了那盒磁带,小星星,你还会继续很长的旅程,将你想说的话录下来。"

"你可以听到吗?"星星听到自己的声音开始飘忽不定。外婆站在那里,伸出编织着无数掌纹的手,轻轻按在她的头顶。

星星感觉自己浮了起来,越来越远,觅食的海鸟都抬着头,行注目礼。她的手指触碰到一层将她包裹其中的薄膜,里面的时间变得脆弱而寂静。外婆也飘了过来,她们乘着两只透明的肥皂泡彼此靠近,越来越近,越来越近……

"小星星,小星星。"星星听到另一个声音在呼唤,睁开眼,蜡烛照亮了钢笔小姐。她用力地眨了眨眼,自己还躺在那张柔软的椅子上,炉火已经熄灭。

"火焰是个好东西,这种迷恋让我在年轻时失去了一根手指,"[1]乌鸦先生停下在黑板上写字的双手,说,"这一觉睡得还挺香吧?"

"我是做梦了吗?"星星觉得头顶还是暖暖的,"有两只泡泡。"她将自己的梦说了出来。

---

[1] 惠勒在普林斯顿大学时期曾因燃放烟花而失去一根手指。

"你可以将它们想成两个宇宙，虫洞就是粘在它们之间的细管，如果有一只小蚂蚁，就能穿过细管，从你的泡泡爬到另一个泡泡。"乌鸦先生靠到了椅边，弯下腰，拾起一块木柴，"虫洞不仅可以连接宇宙中两个遥远的地方，也许还可以连接两个不同的宇宙。梦也可能是另一种虫洞。"

"所以虫洞真的存在吗？"睡眼惺忪间，星星望着眼前陌生的一切。

"你梦到自己出现在一个场景，突然又转到另一个场景，最后回到现实，又向另一个梦境出发，你是怎么做到在这些空间中自由穿梭的呢？"屋外的夜魔无情吞噬了山峰和树林，乌鸦先生的声音被夜色雕饰，显得更加铿锵有力，"也许本来就是一个又一个极其细小的虫洞将它们连接在一起。"

"可是当梦醒来，又回到了真实的宇宙，这可真叫人悲伤。"

"我十分理解。因为我也经常通过这种旅行见到他，我的弟弟。"[1]

---

[1] 源自惠勒和弟弟约瑟夫的真实故事。1945年，惠勒参与研发的原子弹终结了第二次世界大战，弟弟约瑟夫却已经在意大利战场上战死。这令惠勒懊悔不已，也让他在后半生的学术生涯中，将大量精力用于研究时间与存在的物理学意义。

月亮悬停在球状的夜幕上，乌鸦先生将柴火送进了漆黑的炉子。那一年，自己正在努力研究武器以结束漫长的战争，弟弟寄来的明信片上写着："快点。"而到自己收到这个单词时，弟弟已经躺在山坡上的一条战壕里，没有了呼吸。他没有来得及等到救赎的那天。他死了。

"从那些虫洞穿过去，不要怀疑，停止哭泣。"他笑了笑，平淡地说。

一丝夜风穿过窗缝，扑灭了蜡烛。

* * *

有人曾经问我，为什么人类要费力抵达远方的星宿，听起来并不是什么廉价而大众的旅行方案。我试图用在登顶珠峰的帐篷里朗诵《麦克白》的乔治·马洛里的话回答，"因为星空就在那里！"但这似乎并不具有充足的说服力，毕竟和登山不同，这种冒险的代价是无数公共的金钱和智力资源。

现在，我想谈谈自己的往事。

在某个午夜时分，我紧贴着一条狭窄的山道挪动，靛青色的雨幕中，峭壁一路游向掩埋在下方乱石堆中的活火山口。此时身上披挂的雨衣完全无法抵挡阵雨，巨石狰狞，铺出一条未经雕琢的探险之路。

我只有赶在这个危险时刻抵达谷底，才有机会目睹传说中蓝色的"地狱之火"，这座名为"伊真"的火山富含的硫黄矿献给夜晚的祭礼。

这是我在失去外婆后的许多次旅行中的一次。这些旅行耗光了我的积蓄，但让我真正学习和治愈——当然，这是这段探险往事的题外话。

说回那个晚上。仿佛克苏鲁怪兽般吞吐蒸汽的洞口，硫酸湖蓝绿色的魅影，都让我生出朝圣的心境。那个难以抵达的终点正在强烈地召唤来访者靠近。

最后我怀着敬畏之心爬到了目的地。矿石近距离挥发臭鸡蛋的气味，"蓝火"却在这场大雨中失约。而当我真正触碰到洞口喷发出的阵阵热雾，这个坚定而又忧伤的夜晚的核心才慢慢浮现出来：出发，抵达，意义。

我们总在渴望去往不可能之境，从世界之巅到深不见底的内心。那些神秘的远方图腾有着致命的吸引力。这种混沌、强悍的力量，让一个大山里的孩子想要投身大都会的汹涌人潮；让一个城市里的背包客忍受丛林中蚂蟥的啃咬，探访一座藏于秘境的桃花源；同样，也让人迫不及待地想去接近那些垂挂于无穷天壁的晶莹泪滴，去触摸宇宙宏大诗篇的点点句号。

因为星空就是远方地址中最远，也最神秘莫测的一个。

这或许就是生而为人的底色，是我们对于远方的本能和冲动，更是对于永恒之物的诗意而充满矛盾的向往吧。

而在了解了更多群星的故事后，我也更加理解生命的真谛。如果没有夜空中那只皎洁的银盘锁定了潮汐，我们将失去稳定的四季，两极和赤道将会颠转；如果有不止一颗卫星绕行在地球附近的轨道上，生命之火也将被掐灭在太阳系的子宫之中。

这些来自宇宙深处的偶然性正是星星闪耀、外婆幸运地存在过的秘密。群星就是每个人的外部生命。去往一颗星，最后，也是为了抵达自己。

（二）合成一个外婆

分子机器：世界上最小的魔术师

本单元由四川大学化学学院成楚旸审读。

成楚旸，博士生导师，博士及博士后研究师从分子机器及机械键奠基人、2016年诺贝尔化学奖得主弗雷泽·斯托达特。主要研究超分子化学。

外婆走了以后，生活中的一切似乎都发生了改变。夕阳下的港湾，草坪上的松鼠，一阵风，一片叶子……这些原本习以为常的东西，全都变得陌生起来。

原来港湾点点闪光，就像星夜一般迷人；松鼠为了过冬，正抱着灰扑扑的果壳往窝里搬。原来一阵风经过，会在发梢和耳畔留下味道；而那片叶子静静地打着旋儿，卷入了大地的罗盘。

在一次次旅途中，我对生命和存在的思考也变得更深了。一个雾天，我独自散步到了伦敦郊外的养鹿场。雾气一片连一片袭来，仿佛长了脚。它缓慢而坚决地拂过了一排排路灯架、穿着透明衣服的稻草人，以及远处那些湿漉漉的山峰。

我忽然意识到，世界就是由静止和运动两种呼吸构成的。当湍流裹挟了成吨泥沙，呼啸着向低地奔去，鼠灰色的水滴高高抛起，勇敢地迎击浮出河床的花岗岩石。岩石内部就是"静止"的，从未有过任何的呼喊。

也许长眠于海边的外婆，也是从"运动"归于"静止"吧？这样的思绪让我越走越远，经历了许多许多情绪。

但是没过多久，一位叫罗伯特·布朗[1]的苏格兰人就让我明白，这些感觉其实都错了。1827年夏天的一个早上，他从奇斯威克园艺协会的花园弄来了一些花粉，它们来自一种长得很像鹿角的紫色小花。布朗小心翼翼地在一张长凳上解剖了花粉囊，并将取出的微粒丢入平静的水面。透过显微镜，微粒中喷出的长方形和圆形的颗粒一览无余。它们正不停抖动，胡乱奔走。

起初，这位植物学家还以为有这种运动是因为花粉粒是"活"的。于是他将微粒浸入了酒精，晒干11个月，确保已经将之"杀死"后，再次放到了能够放大370倍的镜片之下。然而，"死去"的微粒们依然没有停下，在水溶液中蜂拥而上。

布朗干脆将微粒换成了粉状的坑煤、玻璃、金属和灰尘等无机物[2]，而这些悬浮在水中的"死去"的粒子同样在无休无止地舞蹈。

---

1 罗伯特·布朗（Robert Brown, 1773—1858），19世纪英国植物学家，以描述细胞核和溶液中微小粒子的连续运动而闻名。他在植物形态学、胚胎学和生物地理学方面做出了重大贡献，尤其突出的是其对澳大利亚植物群的原创研究。

2 无机物是相对于有机物而言的。有机物是生命产生的物质基础，无机物就是除了有机物以外的一切元素和其化合物。

所谓静与动的分别，仅仅是因为我们无时无刻不被自己的直觉欺骗。将所有物质切开、切开，直到无法再切开，看起来静止的无机物的内部也有一个动荡不息的世界。

即便改变了生命的形状，从蛋白质变成灰尘，从微笑变成碑文，在极小的底层尺度上，它们保留了相同的特征，改变的只是微粒被搭建起来的方式而已。

最后，一个大胆的念头冒了出来：假如我们真的可以学习这些粒子搭建的法则，有没有可能根据万物的说明书，组装出自己想要的物质呢？一只灭绝的鸟，一封丢失的信，甚至一个逝去的人？

我被自己大胆的想法吓到了，但很快就发现，很多人早已开始了他们疯狂的冒险。

1. 触摸原子

星星躺在山坡上，云朵晃晃悠悠，在天空的球幕上慢慢勾勒出金鱼和大象。钢笔小姐让她等在这里，"晚点会来接你，带你去几个好地方，不过我得先去拿车。"说完她就消失在通往小镇的小径上。现在，只有星星和那件东西待在一起了。

她将手摸进了外套，停在了心脏的位置。那件东西就藏在一只缝得很深的口袋里。她小心翼翼地取出来，犹豫着掀开一块蓝色丝绒做成的手帕。一簇黑白相间的头发正带着体温，躺在花瓣一般柔软的丝绒之上。

"外婆……"轻风濡湿了星星的眼眶。那个晚上，外婆被白色的棉被掩盖，微凉的氧气不断地注入她的血脉，床头放着一只红彤彤的苹果。几天后，妈妈将手帕递给她，"以后要好好保管这些头发，这是外婆最后留下的东西。"从妈妈的脸上，星星看到了她的哀伤。

送走外婆的那个早上，妈妈在海边对星星说过的话，此刻又回响起来："小星星，现在的你可以相信外婆去了老人星，但等你长大一些，你就会相信别的东西。"海风吹拂着，将所有人拥入怀中。"什么东西呢？"星星想要张口去问，但是每个人看起来都是那么悲伤。

"外婆真的像爸爸说的那样，去了老人星吗？"昨天告别乌鸦先生后，星星对钢笔小姐说出了心事。

"小星星，既然你这么问……"她抚摩星星的背脊，俯下身，低声答道，"外婆已经变成了尘埃。不要难过，变成了尘埃也还是带着外婆的讯息啊。"

现在，星星捧着这些不会呼吸的发丝，恍然大悟，外婆没有去往那颗遥远的星星，那不过是喜欢幻想的爸爸为自己编织的又一个童话。可是钢笔小姐说，外婆的故事还远远没有结束呢。"留在小镇上吧，小星星，"她的发丝在半空飘舞，"记得外婆说过的话吗？你们还会相逢很多次的。"

空中的"金鱼"甩着尾巴，"大象"扇动耳朵，面对面行进，直到相遇在地平线上。等分开的时候，从那里走出了一位背着相机的女士[1]。"你好。"那人热情洋溢地打了个招呼,随后弯下腰,几乎整个贴伏在草皮上,端起镜头,好像那里发生了什么趣事。

"你在拍什么?'相机小姐'。"星星将手帕放回口袋,用手掌轻轻抹去沾在裤袋上的枯草的碎末。

"你看,那两朵挨在一块儿的花,在这么个大晴天,它们正在拼命利用二氧化碳和阳光合成糖分呢,整个过程会反射出红外线,"相机小姐站起身,整理着那头蒲公英般散开的短发,"只要对相机稍加改造,就能把这个状态拍下来。这些肉眼看不见的世界往往是最迷人的。"

星星凑上前去。她慷慨地递来相机。"这张,还有这张,这些红外线下看起来粉红色的花,其实是黄色的,它们都在活跃地生长。"她解释说。

"咦,这张是什么?"

"哦,那天我正在炒一盘五颜六色的辣椒,被它们在锅盖下方凝结而成的雾气图案迷住了。"

"这张呢?"

"一块3厘米长的玛瑙被放大了1万倍。"

"这个呢?"

---

1 原型是美国著名的科学图像摄影师菲利斯·弗兰克尔(Felice Frankel,1945—),她对纳米世界的拍摄十分着迷。

"杀死了许多人的冠状病毒。"

"那么这张呢?"星星被一张紫色的照片深深吸引。上面是一座倒置在底座上的小型金字塔。

相机小姐合上镜头盖,坐到草地上,说道:"那是一台显微镜[1]的部件。"

"我家里也有显微镜,妈妈指着玻璃片上的洋葱瓣儿,让我对准镜筒看,她说那层毛毯一样的东西是一个个细胞组合起来的。"

"相比你的那台,这台显微镜厉害多了,它能看到原子。要知道,如果一个原子有弹珠那么大,你的拳头就该和地球差不多大——原子比细胞小太多了。"

星星吐了吐舌头。

"一位古罗马人就猜测万物都是由这些小东西组装起来的[2],但是,这个想法直到 1000 多年后的 19 世纪初才开始有人相信,"相机小姐滑动着液晶屏,一张张来自微小世界的图像浮现在指尖,"先是有植物学家发现,不管是花粉的细胞器,还是化石的粉尘,在完全平静的水面上,都可以自

---

1 原子力显微镜,一种纳米级高分辨的扫描探针显微镜。
2 罗马共和国末期的诗人和哲学家提图斯·卢克莱修·卡鲁斯(Titus Lucretius Carus,约公元前 99—约前 55)在哲理长诗《物性论》中提出了原子论假说。他认为物质的存在是永恒的,整个世界都由原子组成。该诗创作于公元前 1 世纪。

动'游走';又过了好几十年,爱因斯坦推测这是因为水分子里的原子在永不停息地轰击这些粒子[1]。难以想象,就在那儿,那座山石的内部也在发生这样激烈的战斗。"

星星顺着相机小姐手指的方向看去,是一座神秘的山谷,两边遍布着巨型鹅卵石似的胖胖圆圆的山头。

星星想了想说:"那么显微镜,你说很厉害的那个,真的能看到那么小的原子吗?"

"其实并不是'看到'原子,就像猫咪会用胡须来侦测一样,它是装了一根根很细很细的探针去'摸到'原子,非常类似胡须从物体表面刷过。针的顶部比胡须尖儿要小得多,确保可以感觉到单个原子,"坐在草坪上,相机小姐伸了伸腿,"表面这些凹凸不平的轮廓信息被传送到电脑,屏幕就会模拟出原子的模样。"

"听起来好像是盲人摸象呀。"

"你很聪明。这座倒过来的金字塔就是其中一根探针。"

"这么说起来,你也拍到过原子啦?"

"也许以后会有机会的,"相机小姐摇了摇头,"显微镜

---

[1] 1905 年,爱因斯坦在当时最权威的专业杂志《物理学纪事》上发表了《分子大小的新测定》《热的分子运动论所要求的静止液体中悬浮小粒子的运动》,论述对布朗运动的理解和计算。

下你休想抓住它们。想方设法拍出一张清晰的照片应该会很有意思的。"

"所有东西内部的原子真的都在飞来飞去吗？有时它们看上去是很安静的。"星星挠了挠毛茸茸的鬈发。

"是的，没有什么东西的内部是完全静止的，不在沸腾的。你，或者石头，每时每刻都一样。"

"那么这个呢？"星星又将手帕掏了出来，"这是外婆留下的。"

"哦，好孩子，"相机小姐让星星靠在她温热的胸口，轻轻摩挲，"你的外婆，我是说，她留下的这些头发里，也是一样的，原子们正在漫无目的地舞蹈。"

"真的吗？"星星抬起头，"那么尘埃呢？"

"也是一样的。在没有窗户的屋子里，在手电筒射出的一道光线里，你就能观看这样的情景——尘埃的即兴舞蹈。"

星星恍然大悟般点了点头。清晨，当第一缕阳光洒进房间，外婆的花棉袄被画上了一条窄窄的光带，半导体收音机的喇叭对着飞舞的尘粒放声高歌。那个时候阳光也是香喷喷的。

"宇宙物质大多数是由氢、氦、氧三种原子组成的。不同的物质只是这些原子给自己找到的形状不同的家。等到人们变成了尘埃——好吧,你可以把那些矿物质晶体碎屑[1]说成尘埃,这没什么问题——人们也只是换了一个家。"

一颗泪滴沿着星星的面颊滑落。在很长的沉默里,只有风在似有似无地低吟。在遇到相机小姐前,她还不敢面对这件事,此刻突然觉得一切也没有那么可怕。原来不管到了哪里,变成什么样子,外婆只是从原子组成的一个家,搬到了另一个家而已。

---

1 火化留下的白色骨骸,研磨成粉末,被称为骨灰,它的主要组成物是磷酸钙。

2. 过去未来的汽车

星星托着下巴，还在一个人百无聊赖地等待。几朵蓝色的桔梗花静静地枯萎。小镇在脚下也变得越来越模糊。过了一会儿，零星的灯光点亮了街道的"棋盘"。空气中飘浮着一种似有似无的香味。是什么味道呢？沉在杯底的奶泡泛了上来。爸爸妈妈的样子也泛了上来。在那些温馨的夜晚，外婆会从铁皮饼干箱里摸出糕点，塞到自己的手里……

蓝灰色的雾霭踩着小猫的步点悄然而至。机械的抽搐声从雾的另一边传来，就像一匹老马突然打了个响鼻。星星立刻蹦起身。车灯的黄油色光柱悬停在雾中。

"嗨！"车的方向出现了一个熟悉的声音。星星冲了过去。一辆刷着普鲁士蓝色油漆的汽车停靠在附近的斜坡上，看起来胖乎乎的，活像一只长出四个轮子的吐司面包。

"对不起，这车漏了一点油，机械师说如果哪天它不漏油，那它里面一定就没有油。"灯光映出了钢笔小姐的圆脸，"久等了，得花10分钟才能将时速从0升到90公里。"车的侧面甚至有一块椭圆形的凹痕，车头还有少许锈迹。星星瞪大了眼睛，"起码它长得很可爱！"

"它的好处可不止这么一点，上车吧。"钢笔小姐试了两次，替星星拉开了车门，自己则坐进了驾驶座。车厢里的暖气混杂着一股奇怪的汽油味，星星抽了抽鼻子，几张包着丝绒坐垫的椅子像是经过了特别的设计，首尾相衔，围成了一个圈。

"我们要去哪儿呢？"星星在驾驶座背后的位子坐了下来。引擎牵引着笨重的车屁股，拖泥带水地贴着下山的小道出发。

"那儿有给你的东西。"钢笔小姐向后挥了挥手。星星从车座上拿起一个杯子。那个蓝色的笔记本就摆在边上。她顺手翻到最新的一页：

氧原子和氢原子一直在飘荡，寻找栖息的寓所，我们都是它们在漫长旅程中短暂借宿的寓所中的一个。万物血脉相连，我们的宇宙，这个庞大的原子的舞池，已经如此这般运行了137亿年之久。每当我在夜晚抬起头，就能发现繁星也在双目灼灼地回视我,像要在我的眼底找到自己的存在似的……

"你说的好像和她是一个意思。她说外婆只是搬到了原子组成的另一个家里。"星星说。

"你在说谁呢?"

"我也不知道,一个喜欢给看不见的东西拍照片的人。她去了天文馆的瀑布那儿。"

钢笔小姐微微点了点头。星星将手掌贴在胸口。脉搏就像一只小小的马达。也不知道开了多久,她猜并没有多久,因为时速可能只有 30 公里。忽然,车停了下来。钢笔小姐哗啦拉开前门。

一个上了年纪的男人颤颤巍巍地上了车,一边落座,一边冲星星点点头。问号一样的皱纹在他脸上打着结,看上去他是个喜欢苦思冥想的"问号先生"。

"你还在想那个问题?"钢笔小姐笑着问。

"这是唯一的问题不是吗?生命是什么,除了这个问题,人类还有什么别的问题吗?"

"花是生命呀。问号先生,"星星说道,"蝴蝶是生命,你是生命,我也是生命呀。"

"你只是列举了什么是生命,生命是什么呢?"问号先生的话越来越叫人困惑了。

"生命就是活着的东西。"星星答道。

"你太小瞧这个问题了,小姑娘,"他还在絮叨个没完,"一块物质什么时候可以说是活着的呢?生命也是由一堆没有生命的原子组成的,但是你不会说一本书、一块石头是活的,有生命的。"

星星沉思了一会儿,说:"如果是昨天,我会说'会运动的东西是有生命的',但是下午有个相机小姐告诉我,没有生命的东西里头也在运动。"

"我倒是很乐意认识那位小姐。"

"我知道了!"星星大喊道,"生命就是会老的东西!"

"听起来有几分道理,但是一本书放在一个没人居住的房间里,你猜怎么样,慢慢地,它的纸张会自己变黄变脆,直到最后用手指捻一捻就化作了灰尘。但你不能说它是有生命的。没有生命的东西也会在环境中慢慢起变化。"问号先生说,"所以还是没人告诉我,究竟什么才是生命和非生命的界限呢。"

车头向下,略微倾斜,渐渐被夜色拉平。"按照妈妈的说法,外婆只剩下这个了。它们是没有生命的,不能再活过来了。"星星又低着声音,摸出怀里的那些头发。

问号先生用浑浊的眼睛注视星星。月光的泪滴落进了双眸。

"如果你真的找到了那个答案，我相信你就不会那么悲伤了，因为你一定会发现外婆能够以生命的形式存在过，已经是多么了不起的一件事情！"

一直沉默不语的钢笔小姐向前推了一把操纵杆，说："别急，我们这就去找答案吧。"

3. 熵的谜语

汽车一路缓慢地行驶在灰雾中,直到前方出现了一栋灰色建筑[1]。四根巨大的立柱支撑起一个三角形的屋顶。钢笔小姐拉着星星直奔顶楼,数百人已经聚集在木质长凳上,面向被枝形吊灯照亮的讲台窃窃私语。

"这是哪儿?"星星被眼前的人潮惊呆了。她不知道小镇上还有这样一座有年头的建筑物。不远处的一位女士甚至戴了一顶带有斑点面纱的黑帽子,直筒连衣裙上还别着一枚大叶形的胸针。她只在外婆的老照片簿里见过这样的装扮。

"我们来到了1943年,小星星,这儿是一个学校。"钢

---

[1] 原型是都柏林圣三一学院,出现的人物原型是奥地利物理学家埃尔温·薛定谔(Erwin Schrödinger,1887—1961)。1926年提出薛定谔方程,为量子力学奠定了基础,并因此获得1933年诺贝尔物理学奖。1943年发表的这个演说于1944年结集成册,直接启发了后人对DNA结构的发现。

笔小姐扭头对问号先生说，"待会儿那位先生会专门来解答你的问题。"

讲台上的人毫无赘肉的脸上架着一副又小又圆的黑框眼镜。笔挺的西服勾勒出消瘦的躯干线条。他清了清嗓子："我相信在座多数人都思考过一个问题，生命是什么。"他得到了此起彼伏的呼应。

"好，我们需要来认识一个词，"他拿起粉笔写了一个大大的字，"'熵'。如果我们将一个非生命的系统分离出来，或是放在一个均匀的环境里，由于各种摩擦阻力的作用，所有的运动会陷于停顿，整个系统最后衰退成死寂的、无生气的一团物质，达到一种永恒不变的状态，我们再也看不见它的身上会发生什么改变了，这种状态就被称为'最大值的熵'。对于生命而言，'最大值的熵'就是'死亡'。[1]""讲台先生"的声音通过扩音器传遍了大厅。

"到底什么是'熵'呢？"星星还是有些困惑。钢笔小姐连忙将食指贴在嘴唇上，拿起笔记本涂写起来。过了好一会儿，星星接过钢笔小姐递来的笔记本，上面写道：

---

[1] 摘自埃尔温·薛定谔著作《生命是什么》。

小星星，你得了解这是时空中一个悲伤的事实：物质的能量总会越来越耗散，世界会变得愈加混乱和无序。这种混乱称为"熵"，这个无法挽回的越来越混乱的过程称为"熵增"，也就是"熵"的数值在不断地增加。

整个宇宙的演化只可能是一张通往死寂的单程票。当你围着一堆篝火取暖，只会看到火焰慢慢燃尽，留下冰冷的残灰；当你于林中小路漫步，只会看到秋叶渐渐枯黄，吹散风中。相反的过程却从不可能自动发生。你只能在科幻电影里看到返老还童。你垂垂老去的外婆不可能再次长出乳牙。

"可是直到住进医院她还在长黑头发！"星星说。

"但是，"钢笔小姐压低了声音，"她已经白了的头发不会再次变黑了。"

星星垂下头，影子静静地斜躺在大理石地面上。

"自然界中的每一件事只要还在进行，就意味着它的那部分世界的熵在递增。像那些非生命系统一样，一个生命有机体也在不断地增加它的熵，但区别在于，生命可以通过一种不可思议的能力，推迟向着'最大值的熵'的衰退。那些能有办法使自己稳定在一个熵值较低的水平上，来对抗'熵增'的东西，就是生命。"讲台上的人背着双手，仿佛要将全部重力都压向那只喇叭。

"原来生命就是能够给熵做减法……"问号先生长叹了一口气。底下掌声雷动,很快吞没了他的叹息。

4. 分子秩序

钢笔小姐插上车钥匙,这台老爷车又呜咽起来。"问号先生去哪儿了?"星星靠在后排的座椅上。"他会留在这里。"钢笔小姐踩下了油门。

"什么熵啦,熵增啦,熵减啦,这些词儿可真不好记。"星星望向窗外。雾气又来了,为一切蒙上面纱。"我还是想知道,拥有什么特征的东西,才算是有生命的呢?为什么说,外婆的生命是很了不起的呢?她总说自己是平凡的。每个人的家里都有那样一位外婆。"

"每个人的外婆都是了不起的,小星星。原子是无序的,它们永远都在漫无目的地乱飞,对不对?'熵'就用来表示这种无序。一个东西是不是生命,就看这个东西能不能创造出'秩序'来对抗这种'无序'了。"

"生命能做到吗?"

"当然啦,小星星,你的身体里有许许多多袖珍的分子机器在工作,努力维护着一整套秩序,说个最简单的,氧气和食物里的有机物经过呼吸和消化系统的处理,会变成二氧化碳和水,植物的叶绿素吸收消化了它们,再次转化为氧分子,被你吸入,这种循环就是生命秩序中的一道工序。那一台台小机器就藏在你的身体里。你可以这样想,这种秩序一直在给'熵'做减法呢,它让我们不要那么快地到达'最大值的熵',也就是死亡。"

车头缓缓上抬,在大雾茫茫中踽踽而行。

"所以,生命就是一种'秩序',我可以这么说吗?"一片雾气在星星面前墨迹一般渲染开来。

"没有错,你又长大了一点。"

"那么,为什么说这种秩序是很了不起的呢?"

"因为整个宇宙的趋势会变得越来越无序,生命却是唯一可以站出来对抗的力量呀!就在你呼吸一次的刹那间,无数台分子机器已经完成了它们的使命。我可以随便说出几个例子,小星星,你可以看看,外婆能够活过、你现在活着都是多么不容易的事情,分子组成的机器是如何勤勤恳恳为你们卖命的。"

"快说,快说!"星星前倾身体,紧紧抱住驾驶座的靠背。

"要不就来说说'ATP 合成酶'吧?可能现在你还不认

识它，没关系，你只要知道它可以帮忙合成生命需要的一种叫 ATP 的物质就好了。"

"ATP 是什么样的物质呢？"

"它们是负责在细胞内传递能量的东西，可以说成是生命的'电池'，你可少不了它们。你的所有细胞加起来有 37 兆个，要知道，1 兆可是 1 亿的 1 万倍啊，1 个细胞里就有大约 10 亿个 ATP 分子。不出 2 分钟，这些 ATP 分子就会拆下自己的支柱和拱壁，以此谢幕并宣告死亡。每天需要合成与消耗的 ATP 的重量达到了体重的一半还多……"

"啊，这么多 ATP 要从哪儿来呢？"

"所以呀，身体最需要的就是一个效率很高的 ATP 合成工厂了。这个工厂就叫 ATP 合成酶。来，我们一起看看 ATP 被合成出来的过程到底有多神奇吧。"车还在费劲地挺进，钢笔小姐微微调整着方向盘，"假设现在你正在品尝一块马卡龙蛋糕……"

"这是外婆的最爱！"星星喊道。

"好，小星星，外婆美滋滋地将一块蛋糕吞了下去，和其他所有食物一样，蛋糕也是由碳、氢、氧这些基本原子组成的。其中，氢原子的质量是很轻很轻的，只有一颗电子在围绕它的原子核转动，经过了消化和代谢，氢原子很快失去了这颗孤零零的电子，变成了带电的小东西，我们说，氢原子变成'氢离子'。离子就是带了电的原子。"

星星点了点头。

"很好，小星星，你就将这股氢离子想成'电流'一样的东西吧，这时，电流穿过了细胞膜……"引擎剧烈震动了下，像打了个"喷嚏"，星星被弹了起来。"这路还真难走。"钢笔小姐又转动了一下方向盘，"有了电能的驱动，ATP 合成酶就会不自觉地转动起来啦。每转一圈，这台机器就可以生产出 3 个 ATP。"

星星拍着椅背，说道："原来我们身体里藏着大风车！"

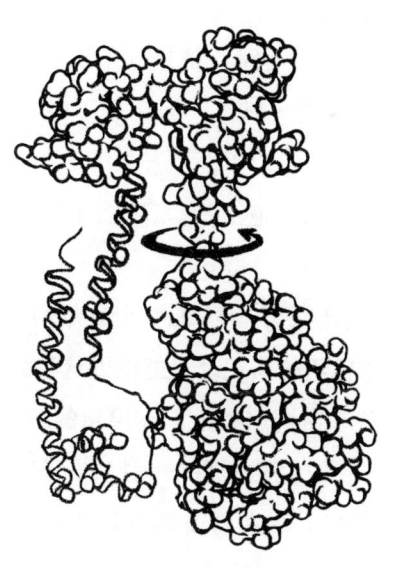

ATP 合成酶示意图

"准确来说,是个小风车。有多小呢?针尖的二十万分之一那么大。它每分钟可以旋转 60 次。你身体里那些重要的'电池',就这样被自动制造出来了。"

汽车碾过了崎岖的路面,星星知道,她们正在往山上开。钢笔小姐轻轻地摇晃着被一顶渔夫帽遮盖的后脑勺,说道:"这样天然的分子小机器还有很多,比如一种叫'驱动蛋白'的物质也是一台构造精密的机器,它们背负着囊泡之类的'货物',如同细胞里的搬运工,伸出两只脚丫,一步步行走在细胞的微管上。"

"可是谁在控制这些搬运工呢?它们在听谁的指挥呢?"星星嘟起嘴。

"你的呼吸,你的心跳,都是分子机器的指挥家。每当你呼出一口气,吸进一口气,都在按下机器的开关,提醒它们不要懈怠。"

星星舒展开眉头,道:"原来这么小的一件事还有这么大的作用……"

"你身体里的千军万马都是被新陈代谢组织起来的,几亿年,甚至几十亿年的演化都没能摧毁这种秩序。"

一丝灰雾从车窗悄声翻入,在星星的脸上融化成水滴。她忽然意识到,就在那短短的一秒钟,在自己的身体里,很多事已经发生了;而在外婆拥有过的时间里,这样的瞬间经历了几千万次。

5. 老鹰酒吧[1]

夜色中,还是能看到那个酒吧的外墙是浅深不一的砖块,在门廊壁灯的照射下,就像一块块经过了不同时间发酵的奶酪。玻璃上的老鹰图案也是金黄色的。钢笔小姐熄了火,回头说:"嘿,我们又到站了!"

"妈妈说,好孩子可不能喝酒。"星星抓着栏杆,脑袋有点嗡嗡作响。

"你是好孩子,我也不喝酒,但我敢保证这儿有一些不错的人。"她跳下老爷车,推开了一扇沉甸甸的木门,"你会有幸见识到生命最伟大的一台分子机器,小星星。"

---

[1] 老鹰酒吧位于英国剑桥郡本笃街北侧。1953年2月28日,弗朗西斯·哈利·康普顿·克里克(Francis Harry Compton Crick,1916—2004)在此宣布他和詹姆斯·杜威·沃森(James Dewey Watson,1928—)发现了DNA的结构,两人因此共享1962年诺贝尔生理学或医学奖。在老鹰酒吧外墙设有蓝色牌匾用以纪念这一事件。

"它就在这里吗?"

"你口袋里还藏着一些外婆的头发,是不是?那台分子机器藏在身体每一个地方,也藏在那些头发里。"

酒吧几乎坐满了。星星向天花板张望,上面有一串用打火机和蜡烛烧制的名字和数字。[1]

"你对战争感兴趣?"一位红头发的侍应生端着酒盘问。

"我可不是来喝酒的。"星星抱起双臂。

"谁说这儿是卖酒的?瞧瞧这是什么。""红头发"弯下腰,将酒盘倾斜过来,里头是五颜六色的糖果,"附近有一个军事基地,你知道什么叫军事基地吗?怎么说呢,飞行员就从那儿出发。"

"他们要去干什么?"星星环视四周。

"一般我们不爱谈这个。来,拿着这个。"红头发随手抓起一把糖果,塞到星星手里。

"妈妈不让吃太多糖的……"

一个尖下巴的男人[2]突然大笑着夺门而入:"我们……我

---

1 第二次世界大战期间,英国皇家空军经常在这里聚会和社交,有在天花板上写下名字和部队番号的传统。他们就从附近一个空军基地出发,轰炸德国。

2 原型是 DNA 双螺旋结构发现者之一弗朗西斯·哈利·康普顿·克里克,性格外向,是这项发现的实际代言人。

们……我们发现了生命的秘密！"身后还闪出了一个年轻些的人[1]。那个人的衣角皱巴巴的，鼻子冻得通红。

钢笔小姐一把拉过星星。汗珠濡湿了星星的手。她好奇地打量着那两个人。灯光飞快地旋转起来，一会儿顺时针方向，一会儿反着来。这些人都是谁呢？他们说的生命的秘密又是什么呢？

钢笔小姐低语道："他们在说 DNA。小星星，这两个人发现了 DNA 的结构，发现这种化学物质的一长串分子是怎么拧在了一起。通过这种漂亮的结构，爸爸妈妈就可以将他们的东西遗传给你了，比如说卷头发、爱弹琴，"她捏了捏星星发烫的耳朵，"哦，不对，是会画画，我知道你喜欢画画。"

星星很好奇，钢笔小姐为什么好像很了解自己，但她并没有问出口，只觉得舌尖泛起一股甜腥味，灯光的碎片像雨点一样落了下来。

"这里是哪儿呢？"

"老鹰酒吧，小星星，我们来到了 1953 年。"

"1953 年……这是怎么回事……"周围那些酒酣面热的

---

[1] 原型是 DNA 双螺旋结构发现者之一詹姆斯·杜威·沃森，性格较为内向。

人都停了下来。他们穿着破破烂烂的绿色迷彩制服,头戴脏兮兮的圆盖硬壳帽,汗臭味盖住了甜丝丝的奶香。人们很快回到了餐桌上,好像闯入者只是两个满嘴胡话的酒鬼。[1]

那位声如洪钟的男子顶着两道浓密的眉毛,用一对很有深意的眼睛凝视星星。

"很高兴见到你。"他说。

"我也很高兴,'猫头鹰先生'[2]。"星星觉得,他那双尾梢上扬的眼睛,配上一只钩子形状的长鼻子,显得十分瞩目。

"哈哈,全世界早晚会被我们的发现震惊的。"猫头鹰先生再次放声大笑,"从此往后,说起生命,不再是一整个大块儿,而是一颗颗微小的分子。人们要学习从分子的层面理解生命。"

"那个'DNA'究竟是什么呢?"

"DNA 本身就是一台天然、精密的'分子机器',可以不断自动地复制自己,将生成的拷贝储存在细胞里。"猫头鹰先生笑着说。

"头发的细胞里也有吗?"星星的胸口微微起伏。

---

1 二战是人类史上规模最大的军事冲突,1亿多军人参与其中,7000万人丧生。1953年是二战结束后的第8年,许多人仍生活在战争的伤痕与阴影下。

2 弗朗西斯·哈利·康普顿·克里克曾自称"智者就是长着大眉毛的猫头鹰"。

"岂止，你的每个细胞里都有一份一模一样的 DNA 拷贝。你的身体里有那么多分子机器，比如说 ATP 合成酶、驱动蛋白……"

"我知道那是一架小风车和一位搬运工。"星星说。

"你竟然知道这么多，"猫头鹰先生惊喜地说，"这些分子机器听命于谁呢？它们什么时候会动起来？怎么动起来？"

"她说的，新陈代谢是它们的开关。"穿过星星的指尖，钢笔小姐温柔地回视着他们。

"那么，新陈代谢又是听命于谁呢？到底谁来指挥哪一个组织，在何时、作出什么反应呢？"猫头鹰先生笑眯眯的脸上有几道很深的皱纹，"DNA 才是记录这些机器生产和运转方式的说明书，根据说明书上的指令，生命得以按部就班地发育和运转。"

"原来如此。"星星恍然大悟道，"那你们做了什么呢？"

"哈哈，以前人们并不知道这本说明书的书写格式是什么样的呀，"猫头鹰先生答道，"直到我们两个用钢丝搭出了 DNA 的大分子结构，它就像两条扭在一起的梯子腿，组成了一个双螺旋的结构。那些原本杂乱无序的粒子，就通过这样两条梯子腿被严丝合缝地拼装在一起，塞进了细胞中一种叫染色体的物质内。这个结构是很难拆开的……"

星星插话道:"这样一来,它们就变成很有秩序的小小机器了!"

"你的聪明也令我吃惊。"猫头鹰先生睁大了那双锐利的眼睛,"在所有生命有序的奇观中,应该没有比 DNA 更加复杂而完美的分子机器了!"

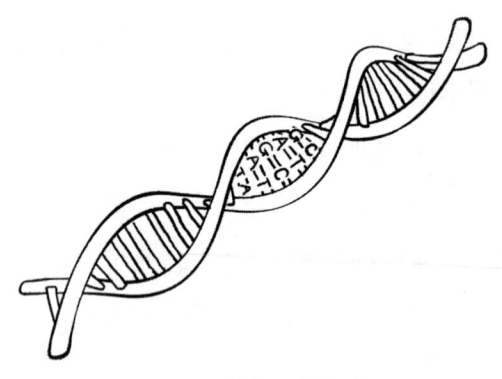

DNA 结构示意图

隔着呼满热气的玻璃窗,那些雾蒙蒙的街道,街上被月光映照的维多利亚时代留下的小楼,以及失魂落魄的行人都在幽灵般闪现。

"滚开!"一群人东倒西歪地结伴离去。其中一个盲了左眼,还有一个失去了胫骨以下的部位。他们骂骂咧咧地与猫头鹰先生擦肩而过,飘荡的身影融化在惨淡的天穹下,仿佛是蜡做成的。

角落里,一位发型有如玫瑰的优雅女士[1]悄悄站起身,来到星星身边。

"战争改变了很多,但不会是一切。"她平静地说,"战争的伤口即将愈合,新的渴望还将生生不息,无论经历多少伤痛,生命已经有幸成为宇宙无序的洪流中,那股最倔强的'逆流'了。尽管,任何生命都只是沧海一粟。"

---

1 原型是罗莎琳德·埃尔西·富兰克林(Rosalind Elsie Franklin,1920—1958),发现 DNA 结构的重要功臣之一,但因为当时的学术氛围对女性非常不友好而被忽视和低估,我非常希望书中能为她保留一席之地。

6. 滴管炼金师

汽车带着"玫瑰小姐"一起,冲出了大雾弥漫的夜晚。"你的作品,51号照片[1]太美了,叫人过目难忘。"钢笔小姐扭头赞叹道。玫瑰小姐有棱有角的脸上泛起了一丝笑意。

"万物都是原子、分子在宏观世界的一种拼图,有些被无形之手点燃,成为盛放半空的火焰,有些沉积于泥泞的深潭,成为永恒沉默的岩石,"她沉浸于窗外的景象,"有些微粒则经历了漫长、枯燥的旅程,终于幸运地拼凑出了生命的图案。"

星星喜欢听她说话。那些话就像诗一样。

---

[1] 1952年5月1日,富兰克林清晰地拍摄出纯结晶DNA的X射线衍射图案,"X"图案成为DNA双螺旋结构的关键证据。著名的X射线晶体学家约翰·德斯蒙德·伯纳尔(John Desmond Bernal,1901—1971)称,这张代号"51"的照片是任何物质中最美丽的X射线照片之一。

"闪电不会复制闪电,岩石也不会生下岩石,但是一朵在山谷早开的野百合,可以通过 DNA 这台分子机器,繁衍出另一朵在同样时分钻出积雪、迎霜而放的小白花;即将产卵的鲑鱼,也总是遵从这台机器的无声指令,游回故乡完成生育的使命,上演一曲曲生死的悲歌。"

"至于我们这些人类,"这位言辞温柔的女士继续说道,"作为这些生命拼图中最复杂的种类,几乎就是完美的作品之一了,尤其是当你了解到拼接我们的绝大部分不是齐整的拼图块,而是一堆富有弹性、边界模糊的类似果冻碎粒的物质[1]的时候。这并不容易,不,简直是个奇迹。"

清晨也慵懒地从地平线上苏醒。原来此刻三个人正行驶在一座山峰的半腰。声势浩大地转过一个弯时,星星看到了下方的一片屋顶。"小镇在那儿!"她大喊起来。那个肺泡形状的镇子正飘浮在紫色的雾霭中。

"我们正在去往下一个目的地,小星星,你得安静点儿。"钢笔小姐说。

"我们要去哪儿?这次你又不会回答我对不对?"星星嘟着嘴抱怨道。

---

[1] 原子组成分子,分子组成细胞,细胞又组成生命体。DNA 存于细胞核中,细胞核的周围则包裹着一层有点起泡的果冻质地的物质,称为细胞质。

"我们可以说点别的,在去那儿之前。"玫瑰小姐伸手抚摩星星的肩头,"这样就不会无聊了。"

"好吧!"星星坐回了自己的座位。

"你有没有养过小狗?"

"你怎么知道我有一条小狗!外婆教会了它敬礼,要求它转着圈撒娇。它现在也很老了。"

"可是感到炎热,它一定会吐出舌头;感到高兴,就会来回摇动尾巴。这就是秩序,小狗的 DNA 告诉它这样做。这个指令不是外婆能教的。它是不变的。"

星星若有所思。玫瑰小姐将一扇车窗打开。晨风伸出了手掌。

"小星星,"钢笔小姐的发丝在风中舞动,"DNA 就是一本加了密码的生命之书,只要将它们从细胞中提取出来,我们就可以为每一个生命解密,看到它们独一无二的写法了。"

"外婆的写法就在我这儿!"星星呼喊着跳了起来。

"很棒,你的妈妈说的话是对的,你得好好保管它们,也许有一天,还可以复刻出一本一模一样的书。"钢笔小姐说。

"你是说,还可能造出一个外婆吗?"

"单从技术角度来说,是可以这样做的,读取了'写法',我们就能用机器来'抄写'、合成她的 DNA,重新还原成染色体。刚刚说过的,染色体就是 DNA 的家,"[1]钢笔小姐顿了顿,说,"不过,这不仅非常贵,而且要从染色体直接合成一个新的外婆是不合法的。你不能这样做。"[2]

"哦……"星星跌坐在丝绒坐垫上。

"别灰心,小星星,我们可以先用分子来营造另一些机器,用试瓶和滴管合成可以动起来、替我们干活的机器,让分子在我们手里也变得有秩序,接下来再研究怎么让它变成外婆的一部分。"

"好吧,那我们这就要去见那些可以造出分子机器的人吗?"星星凝视着窗外缓缓拉开的大地的帘幕。

---

[1] 目前有很多提供 DNA 合成商业服务的公司。根据 2022 年初的可查报价,合成 300 个碱基对(DNA 的组成部分)的价格是 700 元左右,而人类最大的染色体约含有 2 亿 5 千万个碱基对,最小的约有 3800 万个碱基对,所以将是非常昂贵的费用。

[2] 还原出一个人的染色体后,想要合成一个人,就需要动用"克隆人"技术,这项技术违背人类基本伦理和尊严,不被法律所允许。关于该技术的介绍详见本书《外婆是星星做的》单元。

7. 圆环即将关上

路的左边摆放着一台巨大的割草机。穿过这片草地，一位老先生[1]出现在灌木丛边，正在向三人招手。一条小狗乖巧地匍匐在旁边。车停了下来。

"这条狗怎么和我那条那么像？"星星蹲下身子，说，"你是谁呀？"

小狗的躯干上裹着黑、白、棕三色编织的毛发。它听懂似的定睛看着她。这也是一条母狗，胸部有点下垂。星星的手指穿过它后颈的绒毛，触碰到一阵热乎乎的心跳。

"你的爸爸妈妈呢？"星星说。尽管小狗竖着尾巴，她觉得它并不认识自己。"所以你也找不到爸爸妈妈啦？"

---

[1] 原型是哈利・赫夏尔・沃瑟曼（Harry Herschal Wasserman，1920—2013），第一个合成出索烃的科学家。哈利是一位单簧管演奏者，同时也总是随身带着画本。

她说。

"我也不知道它打哪儿来的,我有严重的狗毛过敏。"那位老先生穿着一件乳白色的山羊毛背心,里头衬着毛茸茸的格纹衬衫,脚边还摆着一只黑色的长方形木盒。

"那是什么东西?"星星好奇地问。

"单簧管,小家伙。"

"终于来了一位艺术家,'单簧管先生'。"

"我也画画。"他友善地摇头,提起了盒子,"不过我对那些自然界不存在的分子结构更感兴趣。当你手里有工具,就能让自己成为它的创世主。"

一路上,单簧管先生都在回忆自己的童年。他说,每当星期六,就会套上一条灯芯绒的背带短裤,和弟弟一起步行五英里,前往波士顿北郊的里维尔海滩。那片公共海滩正迎来一周中最热闹的时辰,不少人开着福特公司出产的T型车来这儿消磨一个黄昏。等到有人离去,他们兄弟俩就开始捡拾遗留在海滩上的硬币,一般是几美分,但是一个周末的收获可能会达到几美元。

"多亏它们被沙子圈了起来,要是像玻璃弹珠那样四处滚动,就不可能有机会被我捡起来,交给妈妈贴补家用了。"说话间,太阳已经完全升起来了。

"这听起来和您后来的工作还有点异曲同工。"钢笔小姐说道。

"谢谢，不说还真没发现。我确实花了很多年来教导一颗分子待在一个封闭的结构里。它们可以在那儿继续自己的横冲直撞，但是怎么也翻不出五指山。只有先做到这一点，才可能将它们驯服成分子机器。"

"原来你就是能造小机器的人。"星星说。

"说起来是很简单的方案，你知道，分子有各种各样的形状，有些像个环，有些像条链子，如果将它们丢进水里，就会随机地漂动起来，理论上，不同形状的小家伙们总有一定概率会在水中相遇的，"单簧管先生说，"当链子形状的分子恰好穿过了环状的分子，就可以通过化学反应将链子的两头串起来，这样就能得到两个锁扣在一起的'双环'了。双环上面的分子就失去了自由。虽然我更乐意叫它'钥匙圈'，但总得有一个正经名字，我用'索烃'来称呼它。"

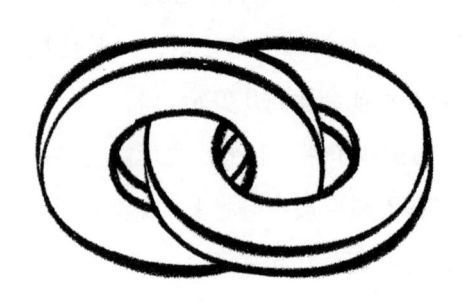

索烃结构示意图

"听起来还真是简单。"星星想起了和爸爸妈妈一起收看奥运会比赛的时光。那5只环也是这样连接在一起的。那时候外婆就捧着自己的收音机，用耳朵参与这场盛会。

"其实也没有那么简单啦。"

"啊？"

"如此这般重复做一万次实验，也只有一次会成功，的确可以在一堆混合物中检测出索烃，却根本没有办法将它分离提取出来。先别说找到让分子听话的魔法了，怎样才能让两个分子环总能像胶水一样黏在一块儿呢？"单簧管先生摊开手掌。

汽车停在了几条小路的交叉口。一个带着轮子的巨型帐篷杵在山坳。"你不会是从那儿逃出来的吧？"星星想起了爸爸说过的那些马戏团动物的悲惨故事，用手指轻轻摩挲小狗的背脊。它喘着气，一会儿看看帐篷的圆顶，一会儿转向自己。

"那儿可没有马戏，只有魔法。"钢笔小姐将车钥匙塞回了背带裤的胸袋里。

8. 看不见的芭蕾

一个略带沙哑、上了岁数的男声在帐篷中响起:"现在请想象你缩成了分子那么大的迷你小人儿,欢迎来到这个奇妙的微观世界。"

星星还想问些什么,帐篷里灭了灯,巨幕拉开,魔术已经开始了。

"演员们"登场了。是一些个头小小的实心小球,它们一个接一个衔接起来,组合成了两个串在一起的环。它们漂浮在水中,一圈一圈悠闲地打着转。忽然,一只大手探了过来,像一大片乌云。星星吓了一跳。

"嘘,精彩的来了……"钢笔小姐扬起眉毛。那条小狗也像发现了什么,支着脑袋。

这只"大手"伸向了其中的一个环,指尖松开,向实心小球的队列添了一只小球。奇怪的事发生了。另一个环立刻扭曲身体，自动转了180°。

过了一会儿，"大手"又出现了，仿佛收到了什么新的指令，那只环又转了回来。星星想起爸爸在玻璃缸里养的那些花脸鱼。面对鱼食的时候，它们也是这样的。

最后，"大手"干脆消失了，但是魔法还在继续，那只环就这样自顾自地转来转去。

帐顶弯弯地悬垂，像一副巨大的肺叶，在静如天籁的空气里释放出一阵又一阵低沉的呼吸。那双看不见的手和这呼吸的主人仿佛就是同一个。星星觉得自己难以动弹，也被某种力量主宰似的。

小狗乖巧地趴在脚边，时不时地旋转着小巧的头颅，甩着绸带般的耳朵，也像听懂了谁的号令。

灯光从顶部洒落。帷幕徐徐拉上。在一片蓝丝绒帷幔前，一位架着银框眼镜的先生[1]向着观众席走来。

"很精彩，很精彩！"单簧管先生站起身，为那位"魔法先生"鼓掌。

"多亏了脾气古怪的铜离子。"魔法先生笑着说。

---

1 原型是法国化学家、斯特拉斯堡大学教授让－皮埃尔·索瓦奇（Jean-Pierre Sauvage, 1944—　），他因大大提高了索烃的产率而荣获2016年诺贝尔化学奖。

"真是了不起！"

"等一下，等一下，谁来说说到底是怎么回事？"星星插话道。

魔法先生弯下腰提议："要不要先回到车上？"

原来这位会变戏法的魔术师是第一个真正让分子听话舞蹈的人。

一种叫"亚铜离子"的粒子就是他的指挥棒。这个古怪的离子非常愿意和 4 颗氮原子腻在一起。于是，魔法先生在环状分子里头邀请了它的加入，在链状分子里头添加了 4 颗氮原子，它们便像磁铁那样相互吸引。这样一来，每做 100 次实验，有 42 次可以成功地合成"双环"。

而当魔法先生向水中丢进一颗新的分子，并在其中添加了额外几颗氮原子，忠诚的亚铜离子就会用力地摆手拒绝，迫使自己所在的分子环背转身去。

"又是怎么让这只环听话地转回来的呢？"看来玫瑰小姐也没能破解魔法。

"还得从这颗亚铜离子入手，"魔法先生解释说，自己从它那里夺走了一个电子，导致它性情大变，不再甘心只和 4 颗氮原子结合了，而是变得贪婪无比，觊觎起那颗新来的带有更多氮原子的分子小球来，它所在的分子环就这样迫不及待地迎上前去。

在看不见的幕后，魔术师的那双大手一刻也不停歇，一会儿拿走电子，一会儿添了回去。在电能的操控下，"双环"终于跳起了优美的芭蕾。

"你看，一台小小的分子机器就造好了，虽然要比 DNA 简单得多，"钢笔小姐对星星说，"但是人们可以操控这些漫无头绪的分子，在自己编织的地毯上跳出秩序的舞步，其实，进化指引 DNA 在做的，也一直是同样的事呢。"

9. 海　边

　　当从钢笔小姐那里得知新目的地的时候，星星有一点点生气。其他人似乎早就知道，这趟车是开往海边的。而对于那些皱巴巴的、缄默不语的群山背后是一片大海，她却一无所知。

　　以前，在她还很小的时候，外婆曾经说过的，等她长大一些，会带她去海边。听说在那儿，她们可以将长长的垂钩抛下悬崖峭壁，等待黑脸蛋或者银背脊的鱼；也可以捡拾泥滩上留下的蚬子和蚶子，用杨梅烧酒煨着吃。那个时候，外婆的眼睛还没盲，她总是惦记着从小陪伴自己的大海。

　　星星问她，海究竟有多大呢？外婆先说，就像天空一样大，紧接着摇摇头，纠正说，海就像夜晚一样大。听说，只有当夜空露出银灿灿的星座，耕耘着黑夜的疆界，大海才找到了自己的同伴。大海就像夜晚的镜子。

后来,星星在电视里见过大海。从直升机的视角看,海洋是那样平静,就像穿着一件蔚蓝色的长袍,偶尔会被船只压出浅浅的褶皱。外婆又说,那些泡沫就是它的白色裙摆,翻开裙摆,就会找到海星、小螃蟹和鹅卵石。

然而,她们一直没有这样的机会。星星真正见到大海的时候,已经是为外婆送行了。

"小镇也在海边吗?我还以为只是在山脚下的。"星星说。

钢笔小姐摇着头:"翻过这些山,你会发现这里其实是一个岛。漂浮在海上的岛。"

"你们从来没有见过大海吗?"星星真诚地向其他人发问。他们看起来也是兴高采烈的。

"见过。"他们却异口同声地回答。

"小星星,他们更期待去海边的工厂看看。"钢笔小姐又带来了新的讯息。

"什么工厂?"星星斜着脑袋,对自己的蒙在鼓里表示不满。

单簧管先生将不知道什么时候画好的速笔画递了过来。上面是那个带着轮子的帐篷。"分子工厂。"他说。

魔法先生补充道："那儿有很多流水装配线，分子就是工程师们的积木。他们能在那里搭出一切奇奇怪怪的结构。"

"你们都去过那儿吗？"

"也只是听说。很高兴马上就能先睹为快。"魔法先生的脸上写满了愉快，"更何况还是和那些老朋友一起。"

汽车等了好一会儿。再次发动引擎之前，钢笔小姐特意叮嘱每个人都要系上安全带。"你们得固定好自己，以免被甩出窗外，这车的玻璃可不太结实。"她说。

就在满腹疑惑间，汽车忽然以极快的速度向下冲去。完全不知道是何时，那个肥胖而笨拙的车屁股后面喷出了长长的火舌。[1] 一股推力将它像子弹一样发射了出去。

---

[1] 这辆汽车之所以出现变体，从过去的那种复古老爷车变成了喷气式汽车，意在隐喻一行人在这个单元的旅行渐渐向未来穿梭。

10. 分子梭

"熊先生"[1]是在汽车快要撞毁一棵树的时候出现的。钢笔小姐正在为自己的失控道歉连连,"还是第一次变体,这个破皮囊得在过去和未来间穿梭,确实有点勉为其难了。"她下车查看轮胎和新引擎。

"还真是巧!老兄,你已经到了!"那个体格有如棕熊般硕大强健的人一把握住魔法先生的手,"我还想是什么能搞出这么地动山摇的动静。"

"一切都顺利吗?"魔法先生说。

"非常好用的分子机器,"熊先生狡黠地挤了挤眼睛,"我得说,好像比索烃还受欢迎,哈哈。"

---

[1] 原型是苏格兰化学家、美国西北大学教授詹姆斯·弗雷泽·斯托达特(James Fraser Stoddart,1942—),分子机器研究的奠基人之一,2016 年诺贝尔化学奖获得者。

魔法先生也跟着大笑起来："这我得恭喜你。"

"你们在谈些什么？"星星永远不会缺席。

"小家伙，你对分子机器的形状感兴趣吗？"熊先生提起两道粗大的眉毛，就像是用毛笔刷上去的。

"她对什么都兴趣盎然。"魔法先生抢先替星星答话。

"像她这个年纪准没见过织布机。我该怎么解释'轮烷'的形状呢？"熊先生挠了挠头。

"试试看哑铃。"魔法先生出了主意。

"完美！"蓄满大胡子的熊先生对星星滔滔不绝起来，"我想你已经听过'双环'了？那也很棒，并且是第一个。不过，我设计了一种新的分子机器，结构就像一只哑铃，对，哑铃比织布机要常见多了。'手柄'部分是一个链子形状的分子，两端用一些大的分子团堵住，你可以看成是给哑铃配重的金属块；一个环状结构的分子就被串在了'手柄'上，虽然东游西荡，却不用怕它逃出去。"

轮烷结构示意图

这样一来,这只小到完全看不见的分子环不会再做漫无目的的往复运动,而是被掌控在了熊先生的滴管里。想让分子滑向左边,他就添加一些化学物质来增加左侧"金属块"的吸引力,往右边滑行也是一样的道理。他的意志起了作用,分子环就像一台织布机的梭子,秉承他的旨意,飞到这里又飞向那里。

"这就好比我们自身也是大自然的一个零件,"傍晚的阳光再次顺从地洒向玫瑰小姐,"魔术师可以从半圆形的黑色礼帽里掏出几尺长的彩色丝带,我们的生命也一样,也是来自原子的一场魔术。"她的声音总是那样悦耳,像被晚风轻轻吹拂而过的风铃的脆响。

11. 世界上最小的车

那个留着一头灰色卷发的男人[1]是在通往海边工厂的半路加入的。等汽车一停稳,他就冲过来,将手臂探进窗户,用力拍了拍熊先生的肩膀。"二位好久不见!"他喊道。

"就知道你也要去那儿。"魔法先生笑着说。

"卷发先生"紧挨着星星坐下,对钢笔小姐打了个招呼:"车真不赖!"

"哪儿有你的车酷?"钢笔小姐回过头,"那应该是全世界最酷的车。"

星星忍不住比画手势:"我的爸爸也有一台好车,轮子有这么大、这么粗,我们常开着车去山里头看星星。外婆看得见的时候,我们就四个人一起去。"

---

[1] 原型是伯纳德·L·费林加(Bernard Lucas Feringa,1951—),分子马达发明者,与索瓦奇和斯托达特同为2016年诺贝尔化学奖获得者。

笑声充盈着整个车厢。卷发先生将拇指和食指捏在一块儿,说道:"那我的'车'轮子只有这么小、这么细,细到看不见呢。"

"看不见的轮子,那么你的'车'也看不见吗?"星星的脑袋又斜了过来。

"没错,那是一台世界上最小的'车',有四只轮子,都是用'分子马达'来驱动的。"

"我只听过汽车的马达,分子马达,那是什么?"

"那是我造的分子机器,你可以把它想成很小很小的可以旋转的叶片,装在'轮胎'上,转起来的时候就能带着'车'往前开了。"卷发先生自信地拂弄头发,像要掸去尘埃似的。

"那么,你的'车'也是很小很小的分子做的了?"星星弯起眉毛。

"是的,显微镜下才能看到这台分子车,它会听话地前进、后退、拐弯,总共才只有两纳米那么小!"卷发先生顿了顿,"你知道纳米吗?聪明的小姑娘。"

星星诚实地摇了摇头。

"一根细细的头发丝上可以横排摆下60万到90万个原子,分子的尺寸要大一些,但就是最大的大分子,也要放大100万到200万倍才能被你看见——它只有1纳米[1]大小。"

---

1 一个长度单位,是1米的十亿分之一。

魔法先生接过话茬。

"我就是拿了一颗碳原子,给它的两侧分别连上了一团原子,就像是给螺旋桨安上了'叶片'一样,接着,给它一束光,或是一些热量,就会像风一样'吹动'着叶片旋转起来。"卷发先生说。

"像轮子那样转吗?"

"一点儿都没错。不管什么东西,只要连上了这个'分子马达','马达'转呀转,这个东西也就被带着一起转起来啦。"在呜呜的喷气式引擎声里,卷发先生提高了嗓音。

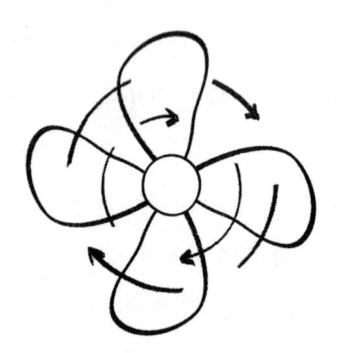

分子马达示意图

星星有点听懂了"分子马达"究竟是怎么转起来的,就像是外婆教她做过的纸风车。放在微风中,风车就会缓缓转动起来。风不停,纸风车的叶片也不会停下。外婆搬来板凳倚在檐下,在庭院里鼓起的晚风之中笑而不语。

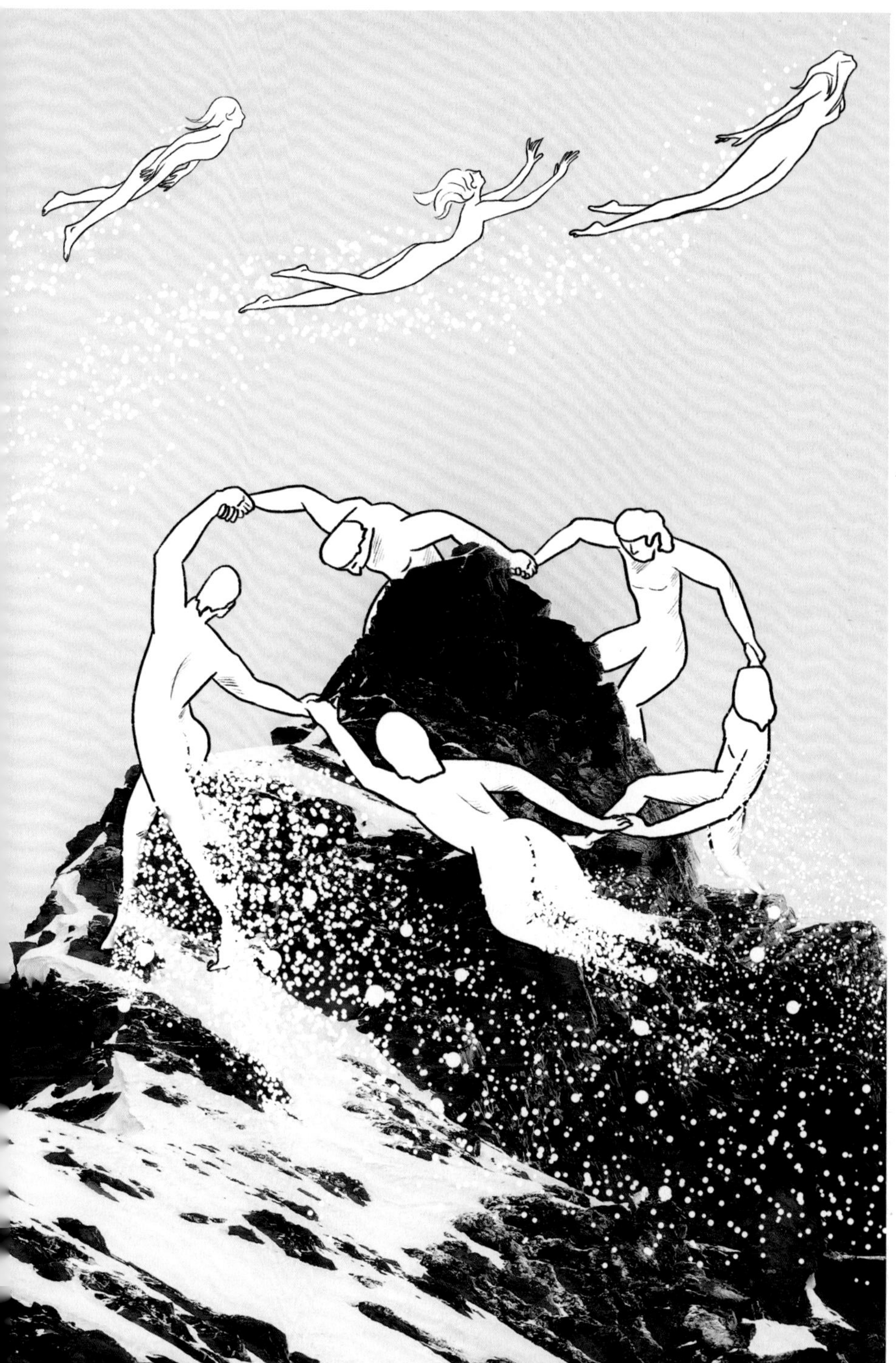

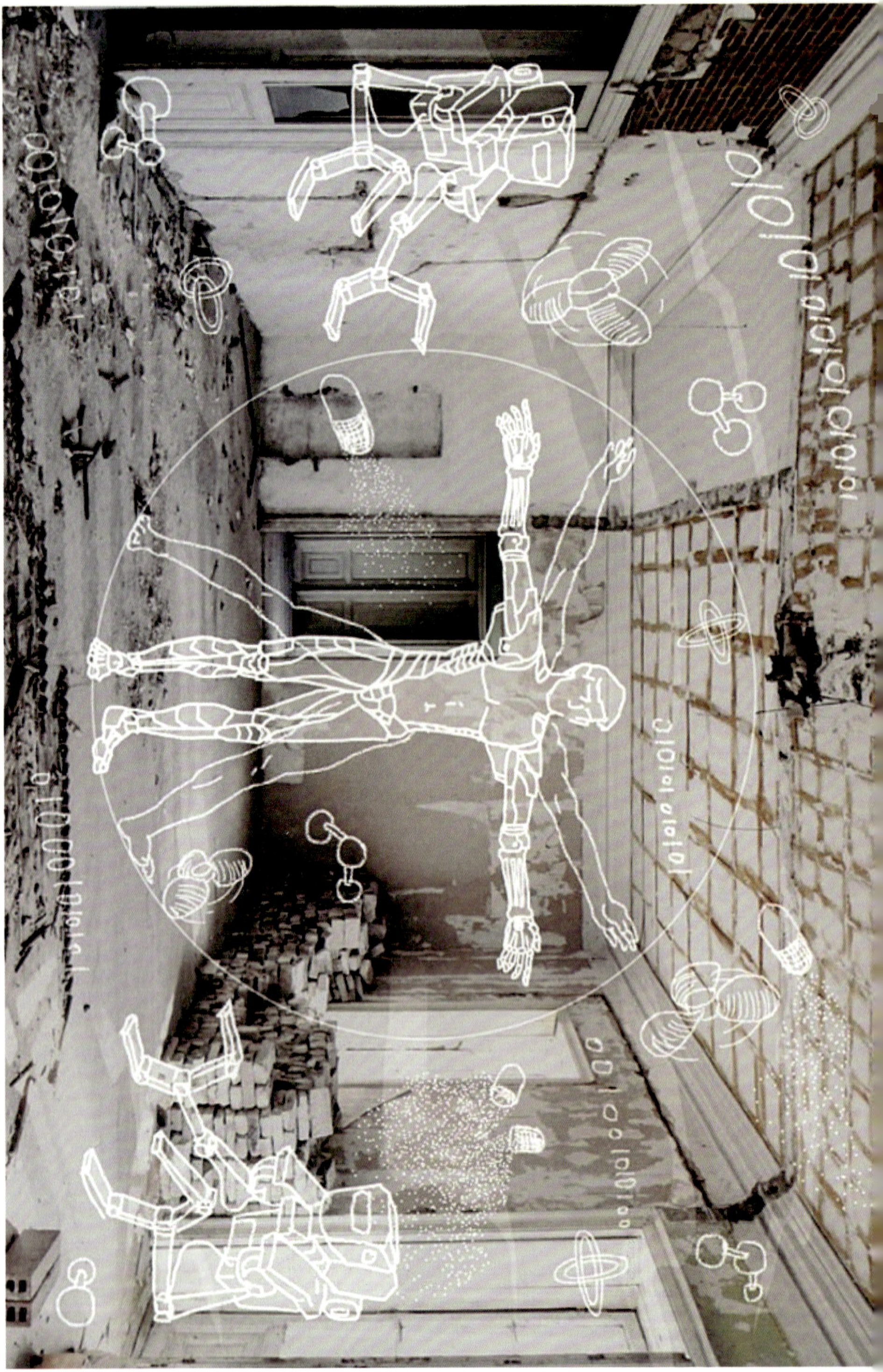

"分子可以揉捏成任何形状,电梯、火箭、起重机,什么都可以。一条几纳米长的轨道上,是的,只有几纳米,就和你要用肉眼在月球上找到这条小狗没什么差别——这些分子机器就能从轨道的这一头慢慢爬到另一头,像手臂那样将一颗分子抓起来又放下去。"月光亲吻着魔法先生的前额。

"那么你们真的可以用分子搭出任何样子吗?"星星偷偷拭去眼角的泪滴。

"万物的形状本来就都是由分子组成。"

"那么我想拜托你们一件事,"星星悄声道,"能不能帮我搭出一个人呢?"

此刻,星光在穹窿中散漫地踱步,仿佛忘记了自己无时无刻不在迎合无穷无尽的宇宙的运算。

就在那个恒久静默的棋盘上,进化早已一次次掷下骰子,随机测试各种设计图纸,最终才得到了一件件由分子建造的艺术品。现在我们还只是试着戏仿生命。

在钢笔小姐递来的蓝色笔记本上,星星看到了这样一段话。

12. 微型潜水艇

享受完最后的夜曲，汽车终于来到了海边。星星牵着小狗，踏上泥泞的海滩。到处是晚潮退去后留下的亮闪闪的贝壳和米粒大小的虾。几个人都向那艘海军蓝的潜水艇走去。它被圈定在一架浮船坞中。

"那儿就是分子工厂。"钢笔小姐在前面领路，"别被它的外表骗了，没人会把真的潜水艇造得这么大。这里头有个典故[1]。"

星星也在屏神宁息地听。

"你很难将潜水艇和分子机器凑到一起，不过有个大胆

---

[1] 微型潜水艇出自第一部利用微缩科技深入人体拍摄的科幻片《神奇旅程》。这部1966年出品的美国电影根据奥托·克莱门特（Otto Klement，1891—1983）和杰罗姆·比克斯比（Jerome Bixby，1923—1998）的故事改编，剧本由著名的科幻作家艾萨克·阿西莫夫（Isaac Asimov，1920—1992）执笔编写。

的小说家几十年前就想过,可以将一艘潜水艇微缩到一个微生物的大小,通过针筒,注入人体内,替病人清除脑部的致命血块。"每个人都被这个奇幻故事深深吸引。

"接着,为了不让静动脉的急流摧毁船体,这艘微型潜水艇真的绕道穿过了心脏,还以绝对安静的姿态行走在内耳里,成功躲过了身体抗体的追杀,赶在最后的六分钟完成了使命,一群外科医生和技术人员守在外面,通过放射性显影剂跟踪潜水艇的一举一动。"

"嘿,这不就是分子机器能干的事!"卷发先生大声说道。

分子工厂和那些想象中被各种机械件与传送带勾画出的冰冷空间完全不同。独立房间被一面面玻璃幕墙分割。星星觉得这里更像是学校或者医院。

透过一面幕墙,星星看到了几个身穿白色大褂的人。也像奇幻故事里的医生一样,他们双目灼灼地盯着显示屏。钢笔小姐敲了敲窗。一位戴着透明塑料防护镜的男士[1]迎上前来。

"一切都顺利吗?"卷发先生悄悄问道。

---

1 原型是美国纳米技术专家詹姆斯·M·图尔(James M. Tour, 1959—),他专门做分子钻方面的研究,并且已经在实验室成功实现了对一个前列腺癌细胞的粉碎。

"没有问题，你的设计帮了病人大忙，分子马达正在像钻头一样高速旋转。""白褂先生"轻松地回答。

"钻头，什么钻头？"星星将目光投向了钢笔小姐。

"小星星，如果留意的话，爸爸就用这个工具将一枚钉子打进墙去，将你的涂鸦挂上，妈妈就用这个工具将搅拌机里的胡萝卜打成了果汁。"

"这可不是基于什么复杂的原理，超高转速可以破坏物质与钻头的接触面，改变物质内部分子原来排列的顺序，于是胡萝卜就从分子间距最小的固体，变成了分子间距更大的液体，糊在墙上的涂料则化作粉尘，卷入了空气。"熊先生也加入了讨论。

"基于同样的原理，分子马达就该上场了，"卷发先生的目光落在星星身上，"如果这些分子大小的'钻头'可以到达一些细胞膜，只要按下开关，这些微小的'叶片'就会疯狂旋转起来，摧毁细胞的结构。"

"那个人身体里就有分子马达吗？"星星看到在玻璃房间的中央，一个人紧闭双眼，仰面躺在床上，不禁问道。

"是的，我们找到了一些能够识别癌细胞表面特有蛋白质和糖类的物质，将这种物质涂到分子马达的末端——就像给猎狗嗅过指定气味一样——这些分子机器注射进身体后，就变得可以识别癌细胞了。在细胞上钻孔，这是这些危险分子无法抵抗的。我们用紫外线来驱动马达旋转，不消三分钟，细胞就被摧毁了。"

"所有坏细胞都能被消灭……如果早些认识你，白褂先生，也许外婆就不会离开了，真的好希望，她躺在那里……"星星正说话间，一个低沉、浑厚的男声忽然从身后传来："对不起，我刚好听到了你的话，也许，我想我的工作可以从另一个角度帮到你。"

13. 开　关

　　星星端端正正地坐上了一张升降椅，将双手搁放在工作桌的边缘，转头看看身旁的"工程师先生"[1]。她也不知道这位剑眉星目的老先生是不是工程师，但是熊先生他们说，分子是积木，工程师正比照着看不见的迷你机器的设计图纸，将一个个实物打造出来。

　　"工程师先生，现在我们要做些什么？"

　　他微笑着取出一块白色的海绵，放在两只宽口的玻璃量杯前。一只量杯盛满了清水，另一只装的是鲜红的颜料。"如果我将海绵丢到红色杯子里，会发生什么呢？"他说。

　　"当然是海绵变成红色啦。"星星脱口而出。

　　"这难不倒你，所有颜料的分子就会从海绵的孔隙渗透

---

[1] 原型是中国科学院院士田禾（1962—　），他是国内分子机器研究的大家，纳米机器医生也是他的研究成果之一。

进去。那么，你能想出什么办法来阻止？"

"我知道，给海绵穿上一件防水的雨衣！"

"主意不坏，不过如果丢进了杯子后，我临时改变主意，又想让颜料渗透进海绵里呢？你该怎么办？"工程师先生依旧笑眯眯地看着星星。星星蹙起眉头，摇了摇头。

"我可以给它装一个开关，遥控器在我手里，只要我按下开关，颜料分子就可以溜进去；释放开关，它们就被拒之门外，是不是听起来比你的雨衣更加有意思？"

星星旋转椅面，高高撑起肩膀，放声喊道："但是开关还要连电线，你怎么可能让海绵变成电灯！"

"这是可能的，如果这些开关是用分子做的。"工程师先生胜券在握地说，"我可以将一些尺寸非常非常小的分子机器镶嵌到海绵材料里，提前设计好，给机器一点光照，或是要求它在接触到某种物质的时刻运转起来，这就相当于打开了开关。当我收回了光照或物质，开关就会关闭。"

星星想，就好比有一只天鹅绒般柔软的手，悄无声息地驯化着这些捉摸不定的粒子。

"那么，这个分子做的开关，怎么才能帮到我呢？刚刚你说了可以帮我。"星星说。

"如果我们让病人吞下一颗装了分子机器的胶囊，当胶囊游到病灶，就能用红外线或者核磁——也许你还没听过这两种技术，没关系，你就想象是根据图纸事先的设计——给这台机器一点刺激，只有在这种能量的驱动下打开开关，分子颗粒才会跑出来，其他时候只会乖乖地待在胶囊里。"工程师先生将两只杯子收入工具架，"因为整个过程都发生在指定的部位，其他的好细胞不太会受到药物的连累。相比那些需要化疗的病人来说，治疗的副作用就会大大降低。"

但是，星星知道，一切已经来不及了，外婆的躯体坍缩成无以名状的东西。那个晚上，她的左手变得又湿又凉，右手滚烫，监护仪上的几排数字挨个儿消失。每分钟有40升纯氧涌入她的鼻腔，像要冲破死神的角力，最后还是举着白旗，停止了这场徒劳的对抗。

不过，星星想到，以后别人家的外婆就可以得到这些小东西的帮助了。她们不会再痛苦地淌下泪滴。这真好。她们的生命也是那样了不起。

14. 最美丽的毛衣

等星星归队,每个人都给了她拥抱。其他人都选择留在这里,有些玻璃房间原本就是为他们准备的。他们将在那里继续这次分子之旅。

走出潜水艇,钢笔小姐拉着星星在一块平整的礁石上坐了下来。"我知道你在想什么,"她说,"不要难过,我很乐意再和你多说一些关于 DNA 的故事。你现在已经有些了解它了,是不是?"

星星捂紧了自己的胸口。手帕里藏着外婆的信息。

"还记得我说的吗?你细胞里的 DNA 看起来就是两条分子链扭曲着组成的一部螺旋的梯子。其实在大自然里,它也可以组成别的形状,比如说在一些细菌里,DNA 就是一匹匹小马的样子。它就像是柔软的毛线,可以织出不同的形状图案,不只是梯子。"

"那么，那根针又是什么呢？妈妈有一根竹子做的毛衣针。"星星好奇地问。她感觉头顶被抚摸得痒痒的，暖暖的。

"要回答你的这个问题呀，我先说说为什么DNA可以组成这些结构吧，"钢笔小姐柔声道，"细胞里的'小梯子'经过了几亿年的考验，从来也没有坍塌过，它为什么可以这么坚固呢？"

"是啊，为什么呢？"一些海藻和岩屑紧紧贴在星星的屁股底下，让她感觉就像置身于大海之中。

"DNA是由四种化合物组成的，你不用去管那些难记的名字，只需要知道人们用A、T、C、G四个字母来代表它们就好了。A永远只能吸引T，C只愿意和G待在一块儿，就像是装了磁铁一样，有A的地方，T就会凑过去，C和G也是亲密无间，所以DNA的梯子结构才会那么稳定。这些化合物在黑暗中相遇，摸出了彼此的纹理，紧紧握在一起。"她说，"虽然你和一只小狗长得一点儿也不一样，但是在生命的最底层，你们细胞里的DNA都由这些'字母'写成，只是写出来的片段有些一样，有些完全不同而已。所以小狗的DNA结构也是如此这般稳定。"

"那么，那根针究竟是什么呀？"

"DNA分子链可以拆得长长短短的，我们就把那条长长的链当作'毛线'，把一些短的链当作'棒针'，根据我们想要的形状和结构，用'棒针'把'毛线'穿起来固定住就好了。"

海风送来一阵咸腥的气味。一起送到星星面前的，还有起伏不定的涛声。

"啊，不对呀，"星星若有所思地说，"分子小车可以开起来，分子马达可以转起来，可是用DNA搭起来的东西好像只是一件不会动的'毛衣'，它能为我们做什么吗？"

"越来越聪明啦，确实机器最起码要能移动，"钢笔小姐面带欣赏地说，"其实通过一些化学反应，也可以让DNA的'腿'沿着直线慢慢踱步，或者像洗衣机的滚筒那样来回翻转，就像分子做的小车和马达那样。"

"那要怎么做到呢？"海风又将匍匐觅食的蜗牛送了过来。一些沙蟹在滩涂的水坑里伸着懒腰。

钢笔小姐解释道："有人就想到了一个让DNA行走起来的好办法，他先拿掉了DNA两条分子链中的一条，再准备了'字母'排序完全相同的链，来吸引这个DNA机器人的靠近。还记得吗？A和T，C和G总想形影不离呢。这就好比你在一只铁壳打造的发条青蛙脑门上，贴了一块带正极的磁铁片，再拿一块带同样磁极的磁铁放到青蛙的鼻子底下，随着你的靠近，它会在你的逗引下不自觉地一步步向后退缩。你甚至可以用这种办法，轻而易举地改变青蛙的路径。它累得脚步蹒跚，却不得不服从你的命令。这些 DNA 迷你装置就这样自己动了起来。"

"原来 DNA 也能动起来！"

"工厂里就有一个身高只有 20 纳米的 DNA 机器人，你看不见它，因为它每迈一步的距离只有 6 纳米，还不到你走一步距离的亿万分之一。它走得奇慢无比，每一步需要踌躇 5 分钟。这个机器人的两条'腿'分别是一条分子链，都由 4 类字母所代表的化合物组成，在一块只有几百纳米平方大小的弹丸之地，每隔一段距离就埋下一条字母组合与之互补的链。它像一条毛毛虫那样，需要蠕爬整整一天才能穿过这片小小的区域。"

"它只会慢悠悠地爬行吗？"星星绕动手指，比画着机器人笨拙的姿势。

"不，如果放大很多倍，你能看到它伸着分子做的'手臂'，将一些分子'货物'搬到这里又搬到那里。"[1]

原来分子工厂还有这么多秘密是自己没看到的。星星回过头，那艘躲在浮船坞下的潜水艇竟然不见了。她腾起身，困惑地四下张望着。

---

[1] 这项技术的原型是美国计算机科学家约翰·雷夫（John Reif, 1951— ）的团队研发出的第一个 DNA 步行器。

"既然是潜水艇,就是为海底准备的。"钢笔小姐心领神会地说。

"那么停在这儿的汽车呢?又去了哪里?"星星发现,起风的海岸上,那辆学会喷火的"吐司面包车"也不见了。

"别担心,小星星,嘘……快看那儿,她来了……"

在钢笔小姐的低语中,一个"人"踏着波浪向她们走来。空气中有一股熟悉的树脂和碘的气味。接着,波浪仿佛变了形的玻璃,扭曲着从地平线上腾空而起。怒涛越来越吵闹,就像那个晚上的病床前,调节阀开到了尽头的制氧机。

15. 机器之心

那个"人"沿着海岸徐徐行走。在大海这块天蓝色的丝绒布上,阳光洒下了点点光斑。白天的星辰都藏在这里,脱掉冰冷的盔甲,叽叽喳喳地攀谈。随着步伐越来越近,星星张大嘴,不可思议地揉了揉眼睛。

"外婆!"她飞奔过去。礁石和泥沙挤出的眼泪打湿了鞋尖。在她的呼唤中,一只躲在石缝里的知更鸟向海面扑去,抖落了一根蓝色的羽毛。

外婆蹒跚着来到了星星的面前。她在微笑,略显苍白的脸颊上嵌着浅浅的梨涡。那只盲了几年的眼睛重新睁了开来。

"外婆,是你吗?"星星上前拉住她的手。一种绵密而又温暖的触感爬上指尖,仿佛摸到了夏日的泥土。她脸上的肌肤隐约散发着光泽,根根分明的头发自发际线垂落下来。

"你不是外婆吗？"星星再次扬起了眉毛。

"如果你希望的话，我可以是。"一条手臂缓缓抬起，似乎停顿了片刻，搭在星星的肩上。星星仔细辨认，这轻柔的触感更像是来自一条橡胶制的软管，说话声带着陌生的鼻音。

"这是按照外婆的样子造的机器人，小星星。"钢笔小姐说。

眼前的机器人没有笨重的外壳和金属做的关节，分明是一个栩栩如生的人。

"他们从她的头发里提取出DNA，构建出一个面部的三维模型。她看上去很像，对吗？'外婆'的视网膜其实是一层氧化铝材料做的薄膜。"

尽管如此，星星还是不肯松开手。她的拇指甚至在"外婆"细纹遍布的手背上捏出了圆形的凹坑。

"给机器人安装那些不听话的金属阀门和嘈杂的空气压缩机，都不再流行了，人们用分子机器替代了一些机械装置的功能。这让她看起来很逼真。"钢笔小姐转而对"外婆"说道，"请介绍一下自己吧。你是怎么被组装出来的呢？"

"他们用仿生材料制作出皮肤和骨骼的结构，材料里添加了分子机器，""外婆"紧紧握着星星的手，"我的手就是由一些触感近似肤感的材料做成的,里头混了一些'分子马达',这些马达很小很小,可以添加到任何组织和纤维里面去。"

星星按了按自己的手臂。在足够厉害的显微镜底下,也能看到那些分子组成的机器吧?这么说起来,自己和机器人也没有太大的区别呢……

"外婆"将手掌伸到鼻尖下,打断了她的遐思。

"原先的那些金属材料里,分子排成一条条长链,整整齐齐的;他们添了一些'分子马达'进去,将这些长链捆束在一起。'马达'旋转起来,丝线就缠着它们越收越紧,变成线团那样了,就像这样——"她边说着,边握紧了拳头,"当拳头松开,相当于关闭了'马达'的开关,线团就会散开。你一点儿都看不到机械件,它们都在看不见的地方;从外头看起来,我和你们是一样的。"

星星终于确定了眼前的人并不是外婆,但她还是上前拥抱了这个人造的奇迹。海风带来了波涛的哀号,也将她的记忆慢慢吹远。

外婆将她抱在膝盖上,就像坐在高高的谷堆上,说着久远的故事:十几岁的时候,为了躲避炮弹的空袭,她逃回乡下,将一只心爱的翡翠戒指套在了脚趾上,最后战争结束了，戒指也不见了；八岁的时候，细菌钻进了她弟弟的脑子，弟弟说看到了许多光环笼罩的好人从云朵做的梯子上走下来了，然后就背过身，面向墙壁，停止了呼吸。"死了究竟会看到什么呢？"那是第一次，星星从外婆那里听到了这个字。

"你很像我的外婆，我知道你不是，可是真的很像。她说过的，我们还会重逢很多次的。所以我要和你说再见。我们下一次再见。"星星抱着这个温热、真实的身体，忧伤而又满心期待。

* * *

那些分子游戏的野心家搭载着蓝色潜水艇沉入海底，也许有人会问：海底究竟有什么呢？儒勒·凡尔纳告诉那个住在我身体里的小女孩，那里遍生着带有生动花朵的真正的丛林，像花一样开放出弯曲条纹的脑纹状珊瑚，以及散在沙间星宿般的海星……

等到这个女孩长大了，写下这本送给外婆的书，对海底的设想变成了时空尺度上的"未来"。我想，和繁星组成的沙盘一样，那里就是我们想去的最遥远的地方。

其实一直以来，我们只是生活在窄得可怜的可见光的光谱上，生活在"很大的世界"和"很小的世界"的中间地带。

我们可以看到深沉宁静、布满岔路的天空；可以欣赏德沃夏克《新大陆》第二乐章的优美音符；可以听到五颜六色的灯笼里火焰吵嚷的尖叫；可以闻到孩子雪白脆弱的颈窝间甜丝丝的奶香味；会被针尖扎痛肌肤，也会在夜空欣赏极光挥洒的调色盘。

但我们无法抛掷一颗熊熊燃烧或归于陨落的恒星，也无法坐到一颗分子之上。星辰的圣殿和分子的内部，对我们充满了同等的诱惑。

我们想去遥远的星空朝拜，同样也想潜入自己的深处：那些没有生命的微粒究竟如何在泥泞的尘世花园长成一棵棵倔强的生命之树。

有些人提前启程了。他们用试剂和滴管合成有机分子，用DNA的折纸叠出各种形状和图腾，在这些简单的戏仿中努力参悟生命的奥秘。我们的肉身皮囊，这台坚固耐用的分子机器，正是他们寻找终极答案的缪斯。

一些人则始终相信有一天，玻璃皿中某个复杂的分子也可以自动完成组装，就像随意晃动一只木桶，里头的零件就能装配成一颗人造卫星。

还有一些人期待，在一堆混乱的有机物中，某天也会有一台分子机器突然开始了自我复制的旅程，重现40亿年前RNA和DNA如何拉开生命起源的巨幕。

而当我通过纸上的旅行剖开了一颗分子，发现其实里头还藏着精灵，藏着地球的回忆，藏着对每个人喃喃低语的灵魂。

就在这个美丽、庄严的微小世界里，外婆了不起地存在过。

（三）外婆是星星做的

永生：物质与意识的共同往事

本单元由清华大学生命科学学院颉伟审读。

颉伟，清华大学生命科学学院研究员，获2014年度"求是奖"、腾讯"科学探索奖"。主要研究早期胚胎发育以及表观遗传基因表达调控。

在那些为了回归而出发的旅程中，有一段非常特别的经历。那个下午，当灰色的雨丝喃喃泣诉，我一个人在一片红杉林中穿行。两个小时后，第一辆汽车打着灯向我驶来。高大的伐木工人搬运着死去的树木，在无人造访的小径上留下几个泥泞的脚印。

树林的尽头，我的目的地是一座公墓。两百年来，附近的死者都安葬在这里。

一个叫格瑞丝的女孩6岁时死于芭蕾舞台，塑料眼睛的布偶、沾满了木屑的丝绸舞鞋反射着点点雨光；70年前，罗杰墓碑旁种下的一株三角梅，此时亭亭如盖，凋落的花瓣编织成一块破碎的地毯；雪莉墓挤在一栋铁皮屋的墙壁上，一个新鲜的唇印似乎还在继续这个不知名演员无声的戏剧……

死亡是一个个无梦的长眠。我喜欢过很多作家，有些像我一样写故事，有些写诗。我通过纸上的旅行认识他们。这一次，在美国各州之间游历，我逐一拜访了这些作家的安息地——他们在这个世界上最后的家园，仿佛他们和亲人的故事也可以稍稍治愈我的悲伤。

要在这个公墓找到雷蒙德·卡佛[1]并不困难，遵照遗嘱，他就安葬在这座墓园山坡的制高点。这样一来，他便能够永远地俯视胡安·德·富卡海峡。

我在他的墓前坐下来，裤管沾上了一点黄泥。黑色大理石旁，一只透明匣子中，我取出一本被深蓝色布料包裹的笔记本。书迷们在这里感谢作家在某个寒冷的夜晚，抚慰过自己受伤的心。他们回忆一次不成功的约会，一次没有诚意的忏悔，或者和他继续辩论书中一个人物的结局。

我翻完了所有留言，拿出原子笔，流着泪写下了自己对外婆的思念：

"你还好吗？余慧卿小姐。我更愿意这样称呼你，现在你不再有任何身份，不再扮演任何角色，你终于成了你自己。在所有随性、自由生活过的寥寥无几的人类中，你就是其中的一个。我只想知道后来你去了哪里，那里有没有永远的平静，所有争议和误解会不会在那里平息。我爱你，只因为你是你，一个完整而饱满的生命。我爱你，即使你已经忘记，这所有尘世的记忆。我爱你，希望有

---

1 雷蒙德·卡佛（Raymond Carver，1938—1988），美国短篇小说家、诗人。他在一首名为《晚期断章》的诗中写道："你是否得到／你人生所期望的？／我得到了／你想得到什么？／称自己为挚爱,感受到我自己／被世上所爱。"

一天我能微笑地再次目送你离去,在最后一次的诀别中,爱永无止息。"

这种仪式感能够安慰我吗?或许在那个下午是的。希腊东正教的葬礼上,牧师会告诉你,只要还被记得,亲人就不会死去。他们活在我们的意识里。我们不敢忘记。

可是另一种声音却在提醒,这种"记得"更像是我自己还活着、还爱着的证据,而对于外婆来说,等待她的,是否终究只有毫无知觉的寂灭而已?

逝者究竟怀着什么心境去了哪里?他们还会再次到来吗?在生命来去之间,到底在天空和大海留下了什么踪迹?这些问题也在那个下午发酵,越来越潮湿。我只是距离释怀又近了一步,却依然是那个满眼忧伤、追问永恒的少年。

一个叫伊利亚·梅契尼科夫[1]的人选择了向科学求救。1916 年 12 月 15 日,他躺在病床上对朋友说出了遗言:"你

---

1 伊利亚·梅契尼科夫(Ilya Mechnikov,1845—1916),俄国微生物学家与免疫学家,免疫系统研究的先驱者之一。1908 年,因为细胞吞噬作用的研究,获诺贝尔生理学或医学奖。因发现乳酸菌对人体的益处,被称为"乳酸菌之父"。

会做我的尸检吗？仔细看看肠道里现在有什么。"

这个一辈子都在和死神打交道的微生物学家提供了一种面对死亡的态度。他头发蓬乱，弯腰驼背，胡须飘逸，像是从陀思妥耶夫斯基的书页中走出来的。

他曾在全家人去马戏团看一些训练有素的猴子时，独自在显微镜下观察海星透明的幼虫，并在那里发现了细胞的吞噬作用。他还坚持将肠道视作拯救人类免于早衰的乌托邦。而这一切不过是为了替那个敏感、脆弱的自己找到心灵的出口。

在这之前，梅契尼科夫已经经历过两任妻子的病逝，自己也从两次失败的自杀中侥幸生还。他认为只有当一个人科学地理解衰老，才可能坦然处之。在经受严重的心脏疾病后，他在一封书信中写下："对生物学基础机制的理解，让死亡已不再令人恐惧。"接着，他对命运做出了最终的妥协。

这一次，星星也将在她的故事里和死神勇敢地照面。我们不愿意与他和解，所以充满了朝着永生方向的努力。可是当我停下笔，也在这次旅程中明白，群星和大地本身正是演出生命奏鸣曲的乐手，也是曲尽人散后金色的梦乡。最后我们都会在那里重逢的。

1. 不死的星辰

浅海处，几条银白色的大鱼颤抖着跃出了水面，像要去采摘刚刚爬上天空的几颗星子。星星没心思聆听它们在傍晚的吟唱。她正在焦灼地东张西望，因为钢笔小姐不见了！

现在她有点担心回不了小镇。海岸线是这样千变万化，一会儿像几道凶残的闪电，一会儿又画出明亮的弧线。弧线交会处，一个金色的发光物体跃入眼帘。星星走上前去。

眼前的一副金属骨架上，缠着成群成簇的锥形藤壶，相比其他被急流卷来的腐烂的淤积物，这些背着石灰质外壳的"生物部落"显得生气勃勃。

一个较小的涡流旋转着游到星星的脚边。透过它，那些分子堆砌成一辆报废的、锈迹斑斑的老爷汽车。

星星想不明白，才过了没多久，这辆载她而来的汽车为何成了这个样子。但是她更着急知道，究竟怎么离开这里，钢笔小姐又去了哪里。

海底的怪兽似乎正在用力扯下白昼的帷幕，然而，就在月亮费劲地爬上云霄，和海风一起绘制星星的地形图时，繁星忽然列阵退下舞台，太阳的火舌沿着空中看不见的抛物线，重新开始向上攀登。

夜晚没有到来。随着日光一起升起的，是一座纯白色的悬崖[1]。潮汐也退了下去，在一些紫色和粉色的海绵中，那辆失踪的面包车的底部陷在低潮时才显现出来的沙洲里。

"我12岁的时候它就在这里了。"风带来一个沉稳的女声。星星赶忙回头，原来并不是钢笔小姐。她一只手挽着一个大大的柳条筐，另一只手拿着一把尖头锤，清瘦的身体完全躲藏在一件青苔色的斗篷里，头发被一顶陈旧的喇叭形礼帽完全笼罩。[2]

"你是谁呀？"星星有些失望地问。

"绿斗篷小姐"还没开口，一条熟悉的小狗像飞盘似的

---

1 我在英国南部海岸见过这种白崖，色泽纯白，有如粉笔。
2 原型是维多利亚时代英国古生物学家玛丽·安宁（Mary Anning，1799—1846）。她在这片有着白色悬崖的海岸上开采了很多古生物化石，为当时的达尔文进化论提供了重要根据。

扑了过来。星星蹲下身,惊喜地摸着它精巧的头颅。它躺了下来,露出皮肤松弛的腹部。

"托盘!"绿斗篷小姐唤了一声。小狗听话地蜷伏到她脚边。

"这是它的名字吗?"星星说。

"本来是另一条小狗的名字,它是我的好帮手,一年前悬崖上掉落的石头带走了它的生命,就在那儿。"她将锤子放进提篮,用手指了指连着白崖的一片陡峭悬崖,"后来,这个小家伙就来到了我身边,也许得花点时间才能找到那种默契。"

"你们在这里干什么呢?"

"找化石。"绿斗篷小姐言简意赅,"12岁起,我就在这里寻找古鱼和恐龙的痕迹了。"

星星跟着她向悬崖靠近。

"这儿所有的东西都是很久以前留下来的,我说的是很久很久以前。"绿斗篷小姐说。

"大人总爱这么说,很久很久以前,到底是多久以前呢?"

"好吧,比方说那座悬崖,白色的那座,海底的微生物死了,别看它们比针尖上的孔眼还要小上100倍,死了以后细胞分解，骨骼下沉，层层堆积起来，堆了一亿年，又过了一亿年，这儿的大海变成了陆地，堆积的骨头露了出来，就是你看到的白崖。白崖也在继续变，白灰剥落下来，微生物怎么也想不到，自己会在两亿年后被制作成用来写字的笔。"

"你很了解这儿。"星星说，"那么，你要找的化石又在哪里呢？"

"那些古生物都死了，没有什么是不会死的，但又没什么会完完全全死去，"绿斗篷小姐俯下身，在一块遍布孔穴的礁石上敲敲打打，"这儿没有，还得上那儿找找……我是说，恐龙灭绝了，却没有彻底消失，只是换个形式继续存在。"

"我知道有些变成了石头。"星星听爸爸说起过侏罗纪的往事。

绿斗篷小姐弯着腰，点了点头。海风带来了另一个声音。"那些没有变成石头的恐龙也没有死去。"来人轻笑着说道。

星星打量眼前这个瘦小的女性[1]。圆形的无框眼镜架在她

---

1 原型是芭芭拉·麦克林托克（Barbara McClintock，1902—1992），著名女性细胞遗传学家，第一位单独获得诺贝尔生理学或医学奖的女科学家，一辈子都在和玉米田打交道。她在 DNA 结构被揭示之前就发现了转座子的存在，但其开创性的理论长期被学术界所忽视。她 81 岁获诺贝尔奖，当听到这一消息，她只是喃喃地说："好吧！"说罢像往常一样回到了玉米田。

小巧的鼻子上,一对折纸般挺拔的衬领从湖蓝色的毛衣钻出来,厚实、宽松的呢子外套足以抵御海风。

她向绿斗篷小姐礼貌地欠了欠身。这时,星星才看到,她的手里还握着一个长满了斑点的玉米。

"您知道,绝大多数古生物都已烟消云散,只有极少数能变成化石,有机会被您千辛万苦地挖掘出来。""玉米小姐"说。

"是的。您知道它们的下落吗?"

"那些古老的早已灭绝的生物携带的原子也没有完全消失,一部分留存在空中,变成了尘埃沉积到屋顶上,也有一些溶解在了这里……"玉米小姐指了指镜子一般的海面,"它们的原子变成了鱼虾的一部分,最后成了我们的盘中餐,我们都在分享共同的原子的遗产。无论有没有变成化石,它们都在此时此地。"

"那如果是人类呢?人体的原子也可以在世间长存吗?"绿斗篷小姐追问道。

"一个好问题,我很乐意举一个关于莎士比亚的例子。"

"我知道这个人!"星星举起手,"妈妈带我去看过很多他写的戏呢。"

绿斗篷小姐也说:"在木头剧场里,有人请我看了一次他的戏,那是我这辈子第一次离开海岸,去伦敦旅行。"

"很高兴你们都了解他,作为一个生物,他已经死去了。

但就在他呼出最后一口气时，一种叫'氩气'的原子开始飘散各地，它们太懒了，和谁都不起反应，得以维持自己的个性。"玉米小姐下意识地剥开玉米皮，"这些原子开始了超越时空的循环的旅行。"

"现在呼吸的空气中也有他留下的原子。我想您是这个意思。"绿斗篷小姐一字一顿说道。

"是的，我们的每次呼吸，都来自历史上某个人的一次呼吸。地球有史以来已经生活过1000亿个人。当一个人死去，'氩气'便迅速遍布各地。我们早就连在了一起。"

星星睁大了双眼，深深吸了一口气，"所以外婆的呼吸也没有完全消失！不管是像爸爸说的，她去了遥远的星球，还是像妈妈说的，变成了尘埃，她都没有完全离开我。"

像玉米小姐一样，绿斗篷小姐也温柔地回视星星。星星抱起小狗托盘软绵绵的身体，原地打转，接连几次深呼吸。

"那么你知道，如果一颗星球'死'去了，会发生什么事？"玉米小姐说，"这颗星上的原子离开了它，有幸流浪到地球上，会变成你的一部分。你身体里装满的氢原子，有一颗就来自于它。你就是星星做的。那颗星也没有完全'死'去。"

"难怪爸爸给我取名'星星'！"

"很棒的名字，你从星星那儿继承了星星。"

"感谢您告诉我们这些好消息。"绿斗篷小姐也很振奋。

玉米小姐将剥落的玉米皮塞进裤兜,"是啊,不论是天上的星星,古老的物种,逝去的人,还是面前的悬崖,它们都是我们身体的一部分,我也是你们的一部分,从原子的角度看,我们紧握双手,都是永生不灭的。"

"但是,"星星又想到了一个问题,"如果我希望外婆还变成了和生命相关的东西行不行呢?"

玉米小姐笑道:"从生命的角度看,她一样是在继续漫长的旅程。跟我来吧。"星星的手被轻轻牵起。海面上,波光被温暖的海风拉得纤长,如同风筝线,正在飘向不可预知的远方。面向来自白垩纪的悬崖,两个人默默目送着小狗追随绿斗篷小姐渐渐离去。

2. 每个人的遗言

两人踩着软软的泥巴，逆着风，走在晚潮退却的海滩上。黎明用心雕琢着属于自己的宫殿：乳白色的浪尖与片片游云相逢，托起天空的峻岭和幽谷。

"前头就到啦。"玉米小姐说。

星星摸了摸脑袋："我们要去哪儿？"她想到了钢笔小姐，忽然又想到外婆，那个总是能用诙谐的言语赢得满堂喝彩的人。

对方还没有回答，那顶带轮子的帐篷又露出了坚硬的骨架。灰色的帐身就像是用混凝土浇筑出来的。"魔法！魔法！"星星大喊起来。

玉米小姐淡然一笑："我们进去吧。"

这一回，里面没有巨人的剪影，舞台上也不见了水中漫游的小球，只有空荡荡的观众席依旧如故。蓝丝绒制成的帷幔再次徐徐拉开，一个穿着牛仔背带裤、头戴渔夫帽的人站在那里。

"钢笔小姐！"星星再次大喊。对方却像什么都没有听到，捧着那个蓝色笔记本朗朗诵读：

你们的孩子，都不是你们的孩子，乃是"生命"为自己所渴望的儿女[1]。

句子绕着灯柱旋转。星星有点恍惚：自己不是爸爸妈妈的孩子，究竟是什么意思呢？

他们是凭借你们而来，却不是从你们而来。他们虽

---

[1] 整首诗是由黎巴嫩诗人、作家纪伯伦创作的，选自《先知》第四章《论孩子》。全诗如下："你们的孩子，都不是你们的孩子。/ 乃是'生命'为自己所渴望的儿女。/ 他们是凭借你们而来，却不是从你们而来。/ 他们虽和你们同在，却不属于你们。/ 你们可以给他们以爱，却不可给他们以思想。/ 因为他们有自己的思想。/ 你们可以荫庇他们的身体，却不能荫庇他们的灵魂。/ 因为他们的灵魂，是住在'明日'的宅中，那是你们在梦中也不能想见的。/ 你们可以努力去模仿他们，却不能使他们来像你们。/ 因为生命是不倒行的，也不与'昨日'一同停留。/ 你们是弓，你们的孩子是从弦上发出的生命的箭矢。/ 那射者在无穷之中看定了目标，也用神力将你们引满，使他的箭矢迅速而遥远地射了出去。/ 让你们在射者手中的'弯曲'，成为喜乐吧；/ 因为他爱那飞出的箭，也爱了那静止的弓。"

和你们同在，却不属于你们。

星星这才发现，自己的嘴唇也在不自觉地翕动。

"重新理解孩子和你的关系并不容易，但是基因一直在说这个故事。"玉米小姐注视着星星。星星更加困惑，她的"孩子"？是什么意思呢？

"很久以前，地球上还没有生命呢，没有什么是'活着'的，你只能看到石头和水之类的东西，整个空间就像是一只冷却下来的炉子。有一天，一道闪电划过，无意间点燃了'炉子'里头一些简单的物质，很可能是二氧化碳、水、甲烷和氨气，它们开始不断地碰撞、沸腾，制造出了一大堆新的物质，其中就包含了一个非常非常特别的分子。"玉米小姐停顿片刻，说道，"这个分子也像其他东西一样漫无目的地飘荡，没过多久，它就从一个变成了两个，两个变成了四个，这个小东西竟然可以完全地、不断地复制自己，这是其他物质从来没有过的能力。"

啊，这听起来可真有点儿巧合。星星想，但凡有一丁点儿物质改变了，这个奇特的分子就不会出生吧，就像配方偷偷换了一块小小的材料，做出来的食物就变了味。

"我们呢，就把这种可以复制自己的分子称作最早出现的'基因'。云是水做的,冰也是水做的,只是这些分子拼凑在一起的模型不完全一样,可是每个模型都会找到一种生存的策略,只有这样才能让自己持续稳定地存在下去。冰的策略是等待气温降低,云的策略是等待气压上升,只要满足了条件,它们就迫不及待地出现。所以,基因也有延续自己的策略。"

外头的风好像厌倦了清晨的海浪,匍匐在地,低低地喘着粗气。

"至于生命呢,"玉米小姐继续自己平静的述说,"就是基因制造并信任的生存机器。所以你的孩子,又怎么会是你的孩子呢?那不过是'基因'为自己构建的宿主,借由孩子的一阵阵心跳、一次次欢笑、一段段成长完成自己的旅程,孩子并不属于你,当一个身体逝去,'基因'还将继续流浪,寻找下一个宿主,就像原子一般无止无尽……"

星星听得入了迷。原来她并不只是那位给她泡奶糊、剪头发的妈妈的孩子,她还有一位更加了不起的叫作"基因"的母亲。

"我们都只是人类基因谱系上一个小小的节点,你的外婆虽然死去了,我很抱歉,但是基因却携带着记忆,寄宿到了你妈妈的身上、你的身上,所以她和你们同在,通过这样的传承与永恒为伍,那么,一切还有什么可怕的呢?"

一旁的钢笔小姐也在出神地聆听玉米小姐的话。

"可是,如果一个人没有孩子,他是不是就真的死去了呢?"星星追问道。

玉米小姐将自己纤瘦的身躯转了过来。

"我想事实并不是这样的,就算是灭绝物种的身影,还飘荡在此时此地呢,今天,只要你不是非洲人,身体里就残存着尼安德特人的基因[1]。这种古人类在进化争夺中败下阵来,早就灭绝了,但是他们的基因仍然顽强地存活,继续攀附在我们这些现代人的生命之树上。非洲的毛里求斯岛上也曾存活过一种不会飞的鸟,笨重的身体让它们不断成为殖民者的盘中餐,最后,这种鸟灭绝了,可是基因也借由一种鸽子的躯体继续在世间旅行。我们可以查出来,那种鸽子就是它在基因上的近亲。"她轻声说道,"对于基因传递来说,个体是微不足道的,爸爸妈妈传给你的基因是一本厚厚的、经过了不同人很多次书写的书,即便丢失了你的这一页,书也还是书。"

---

[1] 2010年的一份基因组序列研究,对比了尼安德特人和五个分别来自中国、法国、巴布亚新几内亚、西非洲及南非洲的现代人基因样本后,发现非洲以外的大多数现代人(包括欧洲、亚洲、美洲及大洋洲人)的基因有至少1%至4%源自尼安德特人。

帐篷里只剩下三个人的呼吸。星星站在原地，咀嚼着自己听到的话。

"你要明白，个体的死亡其实也是在成全基因繁衍的逻辑。"玉米小姐将手掌轻轻按在她的肩头，"一只雌螳螂会在交配完成后的婚床上啃食掉新郎的头颅，这是基因的指挥，它驱使新娘们用食物的能量更好地供养腹中的小螳螂，这样一来，基因就可以完成传递了。每个生命都是基因漫长旅行所搭乘的一班列车。死神可以剥夺一个人的呼吸，基因却是不朽的。"

星星情不自禁地鼓起掌，她低下头，看到自己拍红的手掌，忽然发现那仿佛并不是属于自己的手。那双手有着柔软而又纤长的手指。屈膝的双腿长长地套在磨破了边的背带裤里，胸袋里竖着一支蓝色笔帽的钢笔。原来在这个灰雾沉沉的帐篷里，她穿上了钢笔小姐的外衣，已经是个大人了！

3. 死亡的低语

"星星,"钢笔小姐从讲台上走了下来,"快看啊,你长成和我一样的大人了。趁你长大了,我们想和你说一说死亡。这个想法已经很久了,从我认识你的第一天起。我知道你很难过,但你得先了解外婆究竟为什么会死去……抱歉我这样说,她并不是去了老人星,你长大了,首先就要接受这一点。我们都要接受这一点。"

星星默默地点了点头。她已经没有那么吃惊。或者说,爸爸和妈妈的说法都是对的,只是接受妈妈的说法要困难得多。外婆变成灰尘住进了盒子里;她真真实实地死去了。

"我很高兴你能学着接受现实。"玉米小姐停下拨弄玉米粒的双手,露出一个欣慰的笑,"你做得很棒,大多数人都在逃避这个课题,但是被基因选中,既让我们幸运地获得在尘世短暂漫游的机会,也是肉体生命终有一天会死去的原因。这是没有办法回避的。好的东西一点也不会带来坏的结果，这种幻想是只属于小孩子的特权。"

钢笔小姐双目柔和地望着星星："起初，我们每个人都还只是小小的胚胎，一颗悄无声息地着陆在妈妈子宫温床的单细胞。你可以将这颗细胞理解成生命的初始程序。后来，程序启动，我们长成了一个携带着40万亿个细胞的庞然大物。"

星星十指交叉，感受到自己的体温。

"在最初的那个单细胞里，保存着一本生命的说明书。你可以想象成那是一张出自自然之手的蓝图，上面刻画了你将会拥有一双看得见天空和大海的眼睛，写着你将会在此生经历欢愉和孤独的命运。你的身上不会长出鳞片，不会用鳃呼吸，也不会拥有像黑颈鹤那样能跳高空华尔兹的双翼。当然，也不可能像它们那般生来坚贞不渝。这是因为关于你将如何长成的一套程序早就写进了那本生命之书。"

"你说过的，这本书就是DNA，以前藏在外婆的每个细胞里，现在保留在她的头发里。"星星说。

"是的，DNA就是这本生命之书，每个生命的细胞核里都有一份DNA，它是一种奶状的灰乎乎的化学物，能实实在在地粘在你的指尖。基因就是在DNA中负责记录和拷贝具有遗传特性的信息的物质，在人类这样的高等生物中，基因的质量大概占到了 DNA 总质量的 1%。你就将它看作 DNA 这本书里的关键章节吧，内容是关于遗传的。"钢笔小姐将四四方方的蓝丝绒笔记本插回了胸前的大口袋里，扭头望向玉米小姐，"至于怎么做到的，这个艰巨的解释任务就交给你……"

玉米小姐背着手，在宽敞无人的观众台踱步，短促、铿锵的声音回荡在这个长得很像帐篷的时间机器里。

关于 DNA，星星还记得猫头鹰先生的介绍，它是由两条分子链组成的，形状就像扭曲着纠缠在一起的梯子腿。玉米小姐清了清嗓子："如果你将 DNA 的两个链条拆开，好比从梯子上拆下一条腿，它就会复制出一模一样的新腿，于是，你得到了两把结结实实的新梯子。DNA 就是这样自动从一份拷贝成无数份的，"她耐心地解释着生命发生的原理，"你躲在妈妈温暖的子宫里，6 周后拥有了心跳，是因为最初的单细胞分裂成了 2 个，2 个分裂成了 4 个，直到分裂成无数个。生命就在这种分裂中发育。每一次分裂发生，细胞都会将自己 DNA 的一束分子链拆下，贡献给新的细胞。新细胞迅速地合成几乎相同的一条分子链，一个完整的双螺旋结构的 DNA 拷贝就做好了。你的每个细胞都存放着一模一样的 DNA 拷贝。这些信息最早来自父母双方的馈赠，他们通过塑造一枚受精卵细胞里的 DNA，将鹰钩鼻、雀斑、下巴上的苹果沟,甚至某种性情、某项天赋遗传给你。"

"他们说我长得最像外婆。"星星插话道。

"这也是理所当然的,但是遗憾的是,尽管DNA的这种复制设计得精妙绝伦,却并不是那么天衣无缝。DNA的两束分子螺旋上共有四类彼此配对的遗传密码,这本生命之书是由四个种类的字母写成的。"

"我记得,四种字母是A、T、C、G!"星星抢答。

"正确!你的一个细胞核里总共有30亿个字母对。只要你是活着的,就会有旧的细胞死灭,新的细胞分裂诞生。而每次细胞分裂都要求复制所有的字母,并且只能依照顺序重头抄写,这样才能确保DNA的整个序列不会出错。"

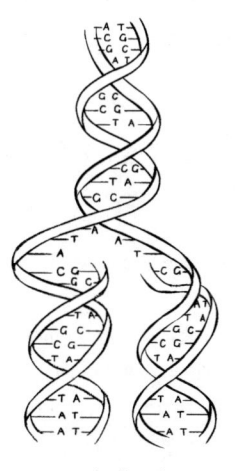

DNA 合成示意图

星星张大嘴巴,惊呼道:"这个作业也太难了吧!"

玉米小姐依然笃定地穿行在一张张灰扑扑的座椅之间。"确实,再好的抄写员也无法胜任这么艰巨的任务。尽管进化已经恩准我们这台机器的说明书前所未有地复杂了,出错依然是在所难免的。和那些秉着夜烛抄写《凯尔经》[1]的人相比,我们身体里的这套复制程序堪称奇迹。每次人类细胞分裂,DNA大概只会出现三个突变,也就是每抄写10亿个字母对,才会积累一次错误。然而,虽然错误率非常非常低,随着细胞分裂次数的累加,错误还是会慢慢地堆积起来。换句话说,只要活的时间足够久,人类的DNA程序一定会因为错误累积太多而崩溃的。死亡是生命这盒双面磁带的B面。"

星星刚想开口说话,一阵寒风吹入,是有人掀起了帐帘。玉米小姐转过身,看到来人,立刻张开双臂,亲切地迎上前去。那是一前一后、一男一女两个人[2],刺眼、强烈的白光勾勒出男人的身形,仿佛他是乘着光的翅膀来到此地。

---

[1] 一部泥金装饰手抄本,据说在公元800年左右,由苏格兰西部爱奥那岛上的僧侣们绘制。

[2] 原型是日本分子生物学家冈崎令治(Reiji Okazaki,1930—1975)和夫人冈崎恒子(Tuneko Okazaki,1933—)。他们发现了DNA中的短序列,这个序列是完成复制的关键参与者,被命名为"冈崎片段"。本来冈崎令治被广泛认为能问鼎诺贝尔奖,却因英年早逝而错失,由他的夫人继承学术衣钵。

4. 期盼永恒

"上次距离这么近,大概还是在冷泉港[1]。"两个人依次拥抱了玉米小姐。"还有新朋友。"男人看了一眼星星和钢笔小姐,对身旁的女士一阵低语。

"这儿让我想起了那个时候的实验室,木头做的房子,伊势湾台风吹坏了屋顶,还记得吗?"说话的女士有一张非常平坦的面容,就像一块干净的瓷盘。男人平淡地答道:"我们还得经常自掏腰包购买试剂。这里应该结实多了。"

玉米小姐对他投去关爱的眼神:"我们正在解释基因,你们就来了,你愿意给她接着说说吗?如果你的身体……"

---

1 冷泉港实验室是一个享誉全球的非营利性私人科学研究与教育中心,被誉为"世界生命科学圣地""分子生物学摇篮"。三位原型或许在冷泉港的研讨会上见过。1968 年,冈崎令治应邀参加冷泉港研讨会,这个时候冷泉港已经聘用芭芭拉 20 多年。

"'翅膀先生',你也是研究基因的吗？"星星说。他苍白的脸上始终流淌着清泉一样的神采。他机械地抬起双手，轻轻放下，回答："除了去乌冬面店看相扑转播[1]，我们最喜欢的活动就是研究基因了。"接着，他淡淡地对玉米小姐说，"忘掉它。我已不再承受了。"

星星目光迷离地望着这对夫妻。她猜想曾经有什么与众不同的事情发生在他们身上。

"我们都是原子在宏观世界的拼图。假设将原子看作一块块零碎的积木，这些积木排列组合成一个健康稳定的生命序列的方式只有一种，而排列的可能性组合却接近无限，一点微小的变化就可能使它们组合成其他形态，"翅膀先生的脸上看不出任何情绪，"所以，我们将积木排成其他形态的概率总要比维持现状的概率高得多，这就好比把一个房间弄乱总比维持它的整洁容易得多，因为方法多得多。"

"没错，健康稳定的DNA序列被改变的概率总是很高的。""翅膀小姐"补充完毕，望向一道挣脱了海风缠裹，溜进来的光束。

安静了半晌，玉米小姐握住了两个人的手。翅膀小姐

---

[1] 冈崎夫妇的早年研究生涯十分清贫，买不起电视机，所以经常去乌冬面店看相扑比赛。

笑容洁净，说道："其实这就是宇宙整体熵增的秘密，也是生命能量终将从我们的身体耗散，我们一直在被死亡一点一点吞噬的秘密啊。"她将凝视的目光转移到翅膀先生的脸上。他的额角刚好被光束照亮。

沉默是由钢笔小姐打破的，"我想请教一个问题，如果基因的终极目的就是借由生存机器来完成自己的复制和繁殖，那么，为什么生命会恩准我们活得越来越长呢？向往永生的本能又是如何进化出来的呢？毕竟，宽容一个已经错过生育周期的人类继续活下去，怎么看都不符合基因的利益。因为这些失去生育价值的'机器'终将消耗能量，却无法对基因的繁衍做出更多贡献了。对不起，我一口气说了这么多，这个问题困扰我很久了。"

"不，你问了一个非常不平凡的问题，人类在过去1000年间的平均寿命延长了3倍之多。我们热衷于一切活得更久的努力。3200多年前，埃及法老就遭人在一张画卷[1]上绘制了自己在死后接受审判的画面。那个时候，只能让画中人穿越冥界之门抵达不死的彼岸；在中国，据我所知，帝王们用凝结在炉子里的水银追求肉体不灭。进化显然并不

---

[1] 《亚尼的死者之书》作为陪葬品放在亚尼的墓中，目前是大英博物馆的镇馆之宝。画卷全长二十四米，用六十个篇章描绘死者在来世获得永生所需要的咒文和约定。

是那么简单的加减法，你怎么看，为什么会这样呢？"翅膀先生转问那个一直笑意盈盈注视着自己的女士。

"著名的祖母假说认为，长寿的父母可以帮助子孙照料后代，增加了后代存活和繁衍的机会，所以这种基因更可能获得自然的青睐。"翅膀小姐沉思片刻，说道，"但那些衰老的身体同时也会和后代抢夺资源，基因或许就是这样一个精算师，去精确地计算每一种生存策略的利弊得失。"

玉米小姐也表达了自己的意见："一个人的某些特性适应生存的环境，他会比那些不适应的人活得更久，假设这个人仍然具有生育能力的话，代表了这些特性的基因就有更多机会繁衍和扩散。换个角度看，当我们感觉到所处的生存环境比较适宜和温和，那些长寿的基因在人群中也就更加常见了。而在恶劣的生存环境中，情况恰恰相反，大自然会优先淘汰那些不断占用生存资源的长寿的基因。"

"我的外婆就活到了很老！"星星兴奋地喊道。

"这样真好，"光束温柔地拂过了翅膀先生高高耸起的头发，"如果没有那次原子弹爆炸……那天一切都在燃烧，人、蜻蜓、一草一木，什么都在烧，几十年后，这把火还是烧着了我的细胞……作为一个自然而然的长寿者，毫无疑问，你的外婆是非常幸运的。"[1]

翅膀小姐握紧了先生的手，说："至于为什么人类拥有追求永生的本能，更像是一个难以解释的进化的意外。人类有反叛的念头和反抗的智能，不只是基因的仆从，不完全是受之主宰的演化工具。所有朝着永生方向的努力，也是基因演化多重奏的一个迷人的声部。自私、冷酷的基因演化出了反向的努力。这本身就是个奇迹，对吗？"

星星若有所悟，使劲点了点头，才发现双眼已被泪水润湿了。

透过泪眼，星星和这对"长着翅膀"的夫妇道了别。他们钻出帐篷，带走了令她恋恋不舍的光。寒风还悬停在那里，仿佛浅唱低吟这颗蓝色星球上隽永、迷人的生命的交响曲。

---

[1] 冈崎令治年少时亲历了广岛原子弹爆炸，身体淋到了"黑雨"，四十多岁时因诱发慢性粒细胞白血病于访美途中离世，是一位战争受害者。

5. 死神之约

"这样会亮一些吧!"啪嗒一响,钢笔小姐点起了灯。圆鼓鼓的幕帐不再像一大幅积满陈灰的壁画,晚霞般的光束寂寞地闪了起来。现在,三个人更像困在一个洞穴里了。星星看到了自己粉蓝色的裙摆,也像一只飞蛾,奋力扑进这团光焰。她再次看看自己的手,在光的涡流里,又变回小孩子的样子了。

钢笔小姐伸出皱巴巴的拳头,展开,是一盒彩色蜡笔。"我猜你会喜欢这样的东西。"她的眼角卷起了细小的波纹。

当然!在家里,星星是最喜欢用蜡笔涂色的。涂色本上,黑色线条勾出了狗熊和蔷薇花的轮廓,肚子和花瓣空荡荡的。蜡笔盒上贴着一只漂亮的马头。

她喜欢在早晨画画,将黄色填满狗熊的脑袋,让浮在半空的花朵变成蓝色,用一块橡皮认真地拭去边缘多余的部分。有一次,一弯橙色的月亮晕染出的神秘之光,荡漾在纸面上,一圈又一圈,好像被它照耀的湖水和水底的星星都活了过来。

但星星说,有几次她也感到十分扫兴。当她想要把一棵树的枝丫涂满,为每一片叶子都洒上银色的辉光,才发现银色的蜡笔快用完了。她拆开粘贴卷纸,努力想用食指按压出一点点蜡粉。

"妈妈不会给我买单支颜色的蜡笔,她会说'你要把整盒都用完呀'。"星星噘起嘴,"如果有一支用不完的蜡笔该有多好!"

钢笔小姐取出一支笔,递到她的手心,说:"这就是用不完的笔呢!"

"哪里会有这样的好事呢?笔总会越用越短的。有一天就不再能用了。"她撇了撇嘴。玉米小姐也在一旁颔首微笑。

"你说得没错,普通的蜡笔就是这样的,用一次就会短上一点,不能无穷无尽。生命原本也是这样的……"钢笔小姐将那支蓝色蜡笔放回盒子里,"你的每次呼吸之间,细胞都在分裂。因为分裂你才能长大,才会变老,也有一支看不见的'蜡笔',偷偷记录着分裂的次数,每记录一次,'蜡笔'就会短上一截,直到最后'蜡笔'用完了……"

"会怎么样呢?"星星问。

"'蜡笔'用完,你就不能涂颜色了,小星星,即使外婆没有生病,记录生命的这支'蜡笔'用完,细胞也会停止分裂,到了那个时候,她一样会停止呼吸的。"

看来没有什么是可以永无止境的。"如果能把蜡笔变长就好了!"星星说。

"嘘……"玉米小姐用一个手势示意,"和这种'蜡笔'打交道的人来了……"

静下来,星星听到一阵缓慢又清脆的脚步声,啪嗒、啪嗒,就像黑暗中的开关,开了又关。

来人顶着一头毛茸茸的三角形短发,脖子上绕着一条珍珠项链,长着一对亲切的圆眼睛。[1]"你们好,嘿,好久不见。"她亲吻了玉米小姐的脸颊。

"就知道是你。"玉米小姐动了动嘴唇。

对方将一把伞递过来,扭头冲星星笑了笑,"天知道外头的雪下得有多大!"

"外面下雪了吗,'珍珠小姐'?"星星露出不可思议

---

[1] 原型是端粒酶的发现者伊丽莎白·海伦·布莱克本(Elizabeth H.Blackburn, 1948—),和她分享诺贝尔生理学或医学奖的另一位女性分子生物学家也是芭芭拉在冷泉港的同事,历史充满了巧合,这是我在这里让两人照面的原因。

的表情。

"头一次有人叫我这么好听的名字。谢谢。刚才你们聊什么那么入迷？雪已经淹到小腿肚了。"

"刚说到这个。"玉米小姐指着蜡笔。

"看来是到我的环节了。未免太巧了吧！"珍珠小姐将伞斜靠在最近的一张椅子上，"在你的身体里，为生命倒计时的小东西叫作'端粒'，这是因为它看起来就像是覆盖在 DNA 分子链'两端'的小小'颗粒'。DNA，他们已经和你说过了吧？"

"它的故事我听了很久了。我们已经是老朋友了。"星星有点暗自得意。

"那就好。我们 DNA 的双螺旋分子链就像两股很长很长的鞋带，细胞核却又窄又拥挤，为了挤进这个逼仄的空间，'鞋带'不得不需要像螺线管一样紧紧缠绕自己，蜷缩成相对粗短一些的染色体。端粒就是这根'鞋带'末端的那两段小小的'塑料头'。"

"那么，这些'塑料头'也是为了保证 DNA 不散开吗？"

"这么说不太准确，"珍珠小姐说，"每一次细胞分裂，完成复制的 DNA 序列就会不可避免地丢失一小段。我们也不知道为什么，整支生命恢宏、悠扬的交响曲总会伴随着这样的哀哀之音。但现实就是这样，如果没有端粒的保护，

DNA 分子链很快就会变得越来越短，直到有一天，生命会因为序列的稳定性被破坏而彻底死亡。端粒其实就是一些重复的 DNA 序列片段。每当复制发生，就会先自动磨损 DNA 两端的这些片段。由于只是重复的信息，即使丢失也不会真的造成什么损伤。不过，设计总是有缺陷的，端粒的长度本身不是无穷的，这支蜡笔究竟能够作画几次，也已经写进了 DNA 这本生命之书。"

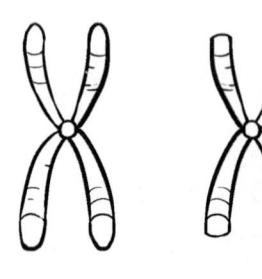

端粒磨损示意图

"我就说，蜡笔总会用完的！她们还说要给我一支用不完的蜡笔呢！"星星嘟着嘴，嗔怪起两位女士。

"你很聪明，没错，我们正常的端粒都会磨损完，染色体的稳定性被破坏，细胞停止分裂，新细胞不会再出现，这就是为什么无论看起来多么健康，死神的歌声也总在相差无几的子夜时分降临。我们都将蒙着双眼，穿过无人的街巷,和耗尽的端粒一起奔赴死神的约会,迟或早而已。"珍珠小姐举起了那把蓝色布面的大伞,指了指帐篷外,"不过,她们说的更是对的,小姑娘,'蜡笔'完全有可能无限延长,甚至细胞就会在这把保护伞下,奏响永恒的凯旋之歌。"

6."鲸鱼旅馆"

海岸被大雪覆没。刚才还起伏不休的波涛变成了透明的琥珀。不知走了多久,星星只觉得脚下窸窸窣窣,就像踏着星辰的碎片前行,直到前方出现了一小片闪闪烁烁的蓝色霓虹灯,拼凑出几个字,"鲸鱼旅馆"。

"但这儿不是停着汽车……哦不是,是有一大堆铁架子在的……"星星环顾四周,那座地标式的白崖还闪着鱼鳞一般的光辉!"就是这儿,我不会搞错的!"她再次强调。

几个人都听到了星星的话。钢笔小姐俯下身,轻轻拂去她肩上的几块雪片,说:"这儿只有一架飞机。"

"飞机在哪儿?"

"再仔细看看。"钢笔小姐指着正在寒风中晃动的霓虹。等四个人靠得更近了,星星发现眼前正是一架破旧的飞机。不仅机舱和机翼的蓝色油漆块剥落下来,机头更是毁坏严重，就像一只被人用力敲扁的锡罐。舷窗却透出星星点点的亮光，闪耀在皑皑白雪中。

"我住这儿，101房间。"那位雪中送伞的女士走到了涡轮发动机舱前。里头的发动机已经不翼而飞，摆着床、桌子和一层层叠起来的铁笼子。

"我暂时住二楼的客舱房间，但很快我就要回到玉米地。清静总是更好一些的。小孩子才可以一直旅行。"玉米小姐边说，边按下一个蓝色的塑料按钮。一部升降梯停了下来，里头小得只能塞下一个大人、一个小孩。

"回见！"101房间的客人和玉米小姐一同挥手向她们道别。钢笔小姐一直没有松开按钮，电梯升了上去。"这儿的客人都很好。"她对星星说。

"那我也住这儿吗？"

"209房间。"她将薄薄的塑料圆片交给星星，"收好了，这儿可是一个大迷宫。"

"那你住在什么房间？"

"到时候我会再来找你的。"钢笔小姐拉低帽檐，显得神秘兮兮。

这里是星星住过最棒的旅馆。餐厅是机头改造的，挂着一个飞行仪表盘。每天都有人在那儿放了面包、鲑鱼和蔬菜。第二天，她就在餐桌上碰到了那位住在101房间的珍珠小姐。她的盘子里高高堆着鹰嘴豆泥，上面点缀着几片罗勒叶。金色勺子轻轻剐蹭着玻璃盘。

"你是叫星星，星星，你是怎么来到这儿的？"她说。

星星的盘子也叮叮当当，"珍珠小姐，关于这一点，我也是稀里糊涂的，我好像迷路了。"

"我们更习惯称呼房间号。你可以叫我'101'，我得感谢你叫我小姐，而不是太太之类的。"她挺直腰杆，将最后一勺豆泥送到嘴里，"你得学会享受这儿，这儿可是一个大迷宫。"

"这里是很酷，可是那些房间里的人都在哪儿呢？"那些贴在一个个睡眠舱外的数字冷冰冰、颤巍巍地闪着光。她看不出里头都住了谁。

"泡泡住在我的房间里。""101小姐"站起身，对一脸惊讶的星星说，"要不要去我那儿做客？"

"泡泡"是一只老鼠的名字。星星以前很怕老鼠，她见过它们在一栋树屋里头飞檐走壁的样子，目标是桌上一根没有啃完的香蕉。她尖叫起来，这几乎毁掉了和外婆他们的度假。

101小姐驯养的"泡泡"粉白得近乎透明，细细的爪子用力地抓着饲养笼的铁架，眼睛是两颗亮晶晶的红宝石。旁边的玻璃罐里装着水母和蝌蚪。墙纸上的线段组成了许多雪花形状的六角形。

"其实也不仅有'泡泡'，还有好几只，只是它们都死了——我绝对不会用二氧化碳来'安乐死'它们，但它们完成了使命，只剩下'泡泡'了。"101小姐说话的时候，眼眉低垂下来，"'泡泡'已经140岁了。"

看着101小姐打开笼子，将一只250毫升的玻璃瓶取了出来，星星张大了嘴。

"我是说以人类年龄来算的话，我们活一年，大约相当于它活9天，它已经活了3年半，比普通小老鼠的寿命长了1倍。"

"那它是一只不普通的老鼠啦？"星星看着在一堆木屑中打滚的"泡泡"。

"在它还是卵泡的时候，我给它动了个小小的手术。"她关上了笼门，"以前有另一只老鼠，我想办法敲除了它染色体上的'端粒'，就是刚刚说的那根用来记录细胞分裂次数的蜡笔，那个可怜的小家伙很快就变得衰老起来，没过多久就趴在角落里不动弹了。我们这些人总在搞破坏。"她冲着笼子弹了弹手指，"泡泡"发出吱吱呀呀的声响。

"端粒和寿命有关系。它本来是很短的，等它消耗完，老鼠就死啦,现在有办法将它延长,'泡泡'就是这个幸运儿。"

"那么'泡泡'还会死吗?"

"现在还是会的,只是会活得更久,这个办法也能让人类活得更久。我们在端粒中逮到了一个好东西,在'泡泡'身上,一切已经起效了。"

雾蒙蒙的圆窗外,正好是发动机喷着火的嘴。雪片在一排朦胧的树影中婆娑起舞,仿佛一刻也不会停下。

7. 酶的狂舞

101小姐用来帮助端粒延长的，是一种叫作"端粒酶"的催化物质。有了这种物质，端粒的磨损速度就会慢下来，相当于端粒变得更长了。

"你的体内本来就是有端粒酶的，不过坏消息是，只有在干细胞和癌细胞中，它们才是活着的。受精卵会发育成胚胎干细胞，它让我们从一枚漂浮在温暖液体中的半透明颗粒，发育成了拥有心脏和呼吸的复杂动物，而当这个干细胞变成了各种器官，细胞中的端粒酶便死去了。它从此飘荡到了死神的黑袍下。只有癌细胞里的端粒酶才是高度活跃的。正因为如此，癌细胞的端粒怎么也磨损不完，先我们一步，永生不灭。"101小姐小心翼翼地更换笼子里的玻璃皿。

"我讨厌那些东西。"星星又想起像外婆一样的病人，喂食、排泄、清醒、昏睡都在病榻上，"上次我去了一个潜水艇工厂，里面的人说，可以用分子做的机器把它们敲个粉碎。"

"这个消息很带劲，不过我可以提供另一个思路，通过化学物质来激活我们基因中的端粒酶。这个实验就发生在一群'泡泡'这样的小鼠身上，被证实是有效果的。"101 小姐在插销上别了一根细细的铁丝，"小鼠的端粒运作机制和人类也没有多大区别，它们之所以活不了太久，只是因为小鼠缩短端粒的速率比人类快了 100 倍，很容易就被磨光了。当它还是一个受精卵的时候，我们可以改写它的基因，所有细胞都拥有长度至少增加了一倍的端粒，这足够让它不必那么快结束自己在尘世间的旅行了。"

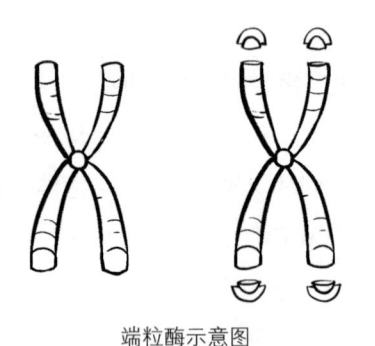

端粒酶示意图

"那么，人也可以像小鼠这样吗？"星星问道。

101 小姐随手从桌上拿起了一本《居里夫人传》，翻开了扉页。

"确实有人这么尝试了，据我所知，还是在千禧年之前，有三个美国人从几台手术的副产品中采集到了两种人类的细胞,就像我刚才说的那样,里面没有检测到一丁点儿的端粒酶活性,接着,他们试着将激活了端粒酶的 DNA 编辑进去。"[1]

"等等,什么叫编辑呀?"

"DNA 像一本书,你可以往里头添上几页,或者撕掉几页,如果要将一种外部的 DNA 植入一个细胞中,通常都是利用病毒作为载体的。"101 小姐抬着头,手指摩挲着泛黄的书页边缘。

"病毒是个坏东西。"

"小姑娘,没有什么东西是绝对坏的,就像没有什么是绝对好的。你之所以觉得病毒坏,是因为它们传播的速度太快了,就像一群幽灵,可以迅速地游遍全身,攻占正常细胞的领地,但也就是这个特性,让它们能够带着那些外部来的 DNA,很快浸润整个细胞的基因组。"

"然后呢?"星星很想知道,是不是人类也可以像"泡泡"那样从端粒酶这里得到永生的秘籍。

"这三个人十分小心地完成了实验的每个步骤,最后,

---

[1] 美国得克萨斯大学西南医学中心的细胞生物学及神经系统科学教授杰里·W·谢伊(Jerry W. Shay, 1945—)和伍德林·赖特(Woodring Erik Wright, 1949—2019)做了这个实验。

那些培养皿里的细胞就像被注入了兴奋剂的兔子似的，只管分裂繁殖，没完没了。"

星星瞪圆了眼睛，说："你是说，有了这些物质，细胞可以一直分裂下去？真的永远不会死去吗？"

101小姐点头道："普通的细胞在衰老以前只能分裂五六十次，但是在他们的显微镜下，分裂了300多次依然没有停止的迹象。"

"那这是不是说明只要把这些东西添加到DNA里，我们就不会死去？"星星雀跃地喊道。如果真能这样，以后她和爸爸妈妈就不会在海边分离。

"可惜这只是理论上的，看起来延长了端粒的细胞的寿命，比正常细胞延长了至少20倍，但是事情并没有那么简单。"在书页翻动的沙沙声中，101小姐低下头去，"和冷冰冰漂浮在培养皿里的单个细胞相比，生命的机制要复杂得多。"

星星疑惑地看着这位轻声细语的女士。珍珠项链起伏在她的脖子周围，为之增添了几分淡然、柔和。

"你得明白，基因进化出端粒机制的初衷，就是为了防止细胞的过度分裂。DNA这台精密仪器的每个开关都是由严格的程序控制的，如果任由正常的细胞无限繁殖，它和癌细胞的界限又在哪里呢？一个浑身上下游走有癌细胞的人又怎么可能永生呢？这些问题没有搞明白之前，我们不敢贸然而行。"她的眼神中闪烁着冰晶一样的东西，说罢，转头望向积雪中露出的几株缀着红色浆果的灰蒙蒙的灌木，"但是不用担心，可能这个藏在染色体末端的秘密也只是解开永生方程式的备选答案之一。这儿的人还会有别的选择的。"

"真的吗？"星星不再说话。脉搏铿锵地跳动在胸口。她的手掌沁出了一层细密的汗水。时间似乎拨回了那个永别的晚上。外婆的眼角流下一滴浑浊的泪水，嘴角微微抽搐，仿佛对这个世界仍然依依不舍。在这里，人们真的可以研究出永生的配方吗？

8. 灯塔水母之歌

海面上漂来一堆白花花的东西，缠着海藻，陷在海水的泡沫中，停下。起初星星以为它们是最普通的蛤，还可能混着一些螺和蚬，总之是来自海洋的食物。她撩起裤管，兜起衣角，踩着粗糙的沙砾，打算将这些不明生死的东西带走。

她用衣角围起衣兜，将那只湿漉漉的圆蛤装了进去，外壳上分布着灰褐色的斑块。

"啊，你不能这么做，这可不是普通的蛤。"星星不知道说这话的男士是从哪儿钻出来的。说话者个子不太高，留着络腮胡子，头发是深棕色的。

"那这是什么？"她问道。

"有没有听说过大洋海神草[1]？"他将圆蛤接了过去，平

---

[1] 地中海的一种特有海草，年龄皆在 10 万岁以上，具有自我复制的能力，因而造成大片个体 DNA 采样相同，是目前已知在地球上可存活时间最长之植物。

放在掌心，温热地抚摸起来。

"从来没听过。"

"我去过巴利阿里群岛，那种草就长在那儿，它们可以活上十万岁。"

"那这个光溜溜的贝壳又是什么？"星星有点儿困惑。

"它是1499年出生的，2006年死了，我以为它从北半球漂到了别的地方，没想到流浪到这里。"男人反复在手心翻看的半圆就像半个月亮。

"那它活了……507年？"星星盘算了一下。

"作为贝壳类的生物来说，真的很久了，比最老的哺乳动物还要久得多。在通向永生的赛道上，人类可跑不过这些小东西，我们还得通过这些海洋邻居，解开长寿的谜语。"他蹑手蹑脚地将圆蛤[1]包好，放到裤兜里。

这位蓄着络腮胡的先生[2]说他住在203房间。很多年前，他还是一名海洋生物学专业的学生。有一天，他在意大利

---

1 这只圆蛤称为"明"，是一只北极蛤，截至目前是已知最长寿的多细胞个体动物。最初年龄经推算达到405岁，相当于出生在中国明朝万历二十九年（1601年），后来更正到507岁，即出生在1499年（明弘治十二年），因此得名"明（Ming）"。

2 原型是德国海洋生物学学者克里斯蒂安·索默（Christian Sommer）。1988年夏天，20多岁的他和女友在意大利波托菲诺悬崖之间的碧蓝海水中潜水，在海底翻找并收集到了灯塔水母。

西北海岸的浅水域发现了一只直径只有四五毫米的钟形水母。在浅水中，它透明的伞形身体并不耀眼，只有一些丝状的触手和略带红色、形如灯塔的性腺比较醒目。

他将这种从未见过的水母放进了一只装有海水的容器中。原本的想法是将它放进冰箱冷冻后做成标本的，但两天过后，他发现这只水母离奇地失踪了。准确地说，它变回了水螅。

"这是不可思议的，但我得先解释一下什么是水螅。""203先生"说，一般水母会先从毛茸茸的受精卵长成幼虫，再由幼虫蜕变为水螅，水螅生长为成熟的水母，水母奉献出精子和卵子后死去，而这种灯塔水母竟然返老还童，跳过死亡的步骤，回到了自己的童年。

"那它还会死吗？"星星问道。

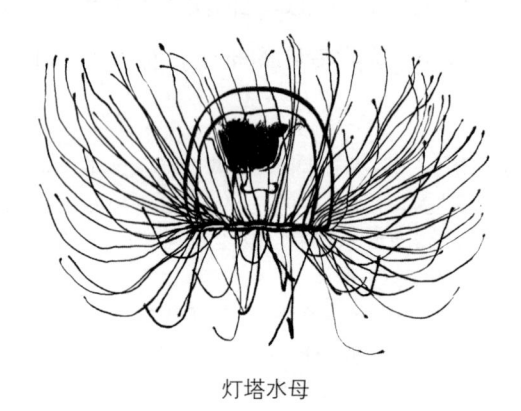

灯塔水母

"我们发现缺乏食物、极低的温度,或者是谁造成了它的机械破坏,都可以触发它逆向发育,它自己转化成了胞囊,跟水滴似的,接着再次长成几百个DNA和原先完全一样的水母。所以从基因的角度说,它不会死去。"

"那么,这种水母岂不是会变得越来越多?"

"你很聪明,但有点误解,灯塔水母无法逃过海龟和鱼类的追捕,也不能免疫疾病,不必为了它们可能成为地球的主人而烦恼。不过,人类占据地球舞台中心好几百万年了,我们还得学会尊重这些不起眼的所谓'低等生命',这样才行得通。我们能从这些小不点儿身上找到答案,它们是自然留下的不死的榜样。我们正在研究为什么它能重新激活那些活跃于生命周期早期发育阶段的基因。"203先生拉开了挂在舷窗上的木百叶。星星忽然想起了来到小镇之前的那一天,自己合拢了一片木头做的百叶窗。

他们隔着一张折叠桌,静静坐着。透过舷窗,也许有人看过群星懒洋洋地漫步在银河的沙堤上,看过戴着乳白色雪帽的山峰和盘绕在它脚下的大河;现在,在这个由废弃机舱改成的"鲸鱼旅馆"里,星星能看到的是在大海中渐渐消融的块块浮冰,以及一大片刚好伸着懒腰想要钻出地缝的野百合。

9. 杀死一只水熊虫

星星见到住在另一只涡轮发动机里的"102先生"[1]时感到十分吃惊。几个蛋卷似的发卷紧紧箍住了双颊,像一对鸽子的翅膀掩护着耳朵。一件漆黑色的长袍裹得严严实实,肩膀上巨大的翻领用一条深红色的丝绒绸带牵系。紧身马裤塞进了一双带扣的长靴里。透过虚掩的门,这个人坐在一张由繁复丝线编织的梨形坐垫上,仿佛是从历史版画里复刻出来的。

102先生将眼神聚焦在一台由木材和黄铜制作而成的显微镜上,没有注意到星星的靠近。

"你好,你在看什么?'假发先生'……哦,是'102

---

[1] 原型是第一个发现水熊虫的约翰·奥古斯特·埃弗莱姆·格兹(Johann August Ephraim Goezes,1731—1793),他是18世纪一位牧师兼业余动物学家。我将他设计成了一个兼具古典装束和现代心灵的人。

先生'。"星星问道。

他依然低着头,漫不经心地回答:"随便吧,要不是为了保持个性,我也想脱了这顶闷脑袋的假发。"

"你是说,想在旅馆里保持个性吗?"

102先生眯着一只眼睛,调节着装在木壳里的目镜和物镜,说:"我已经错过了一个好机会,现在很多人都知道这些小玩意,却不知道我的大名,刚来的时候,竟然还有人问我是不是走错了地方。"

"这是些什么小玩意?"星星踮起脚跟。102先生扬了扬手,招呼她过去。

一些积水的浮萍下,几只外形奇特的虫子正在慢吞吞地游荡。星星被它们的憨态逗乐,"那不就是几只长了八条腿的小熊吗?"泡芙般的圆滚滚的躯干伸出了几只细爪,在水中前后摇摆,充了气的脑壳上有一只滑稽的大鼻子,完全挤占了眼睛的空间。

"它们比沙子还要小上一百万倍,相比周围的那些蠕虫,这些看起来友善的家伙是一群掠食者,放到非洲沙漠里相当于老虎和狮子。"102先生托着腮,递来一个无奈的表情,"现在这小玩意是个明星。到如今,谁还记得我才是第一个发现它的人。"

"它叫什么名字?"

"过去那些伟大的博物学家清单上可找不到答案，还是我给它取了名字，'水熊虫'，有没有很贴切？再不起眼的生物也该有个名字。"

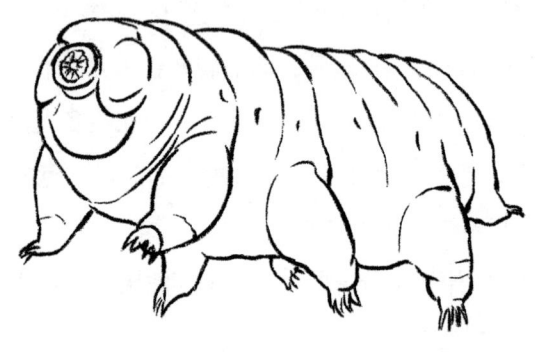

水熊虫

星星抬头看了看那顶灰白色的假发，发现其实是扑了一层厚厚的发粉，"照你这么说，都是他们的不是啦？"

102先生抖动肩膀笑了起来，"你得学会分辨什么是玩笑，什么才是生气。在圣布拉修斯教堂里，我一直想搞清楚看不见的小世界里还有哪些上帝的旨意，是我自己错过了。后来其他人揭晓了这些水生小虫的特性，研究一直持续到今天，所以我来了，一个人只能错过第一次。"

星星这才知道，这些看起来憨笨十足的微生物居然拥有令人羡慕的不死之身。

102先生用鹅毛笔蘸着墨汁写下了一系列事实。那都是他在餐桌上打听来的。"上帝啊，我落后了快300年！"他摊了摊戴着白色棉布手套的双手。

"当人类将水熊虫放入绝对零度（零下273摄氏度）的冰窟，它体内的蛋白质不会像冰块那样破碎，而是会保留原来的分子结构；当人类将它投入151摄氏度的火炉，这种行动比小乌龟还迟缓的生物，体内的蛋白质依然经受住了考验。

"通常，在六七十摄氏度的温度下，蛋白质就会凝固，所以平常我们煎蛋时总可以观察到蛋清迅速地凝结起来。这种结构的破坏是不可逆转的，在高温的炙烤下，脆弱的蛋白分子将永久地失掉活性。但水熊虫却丝毫无惧这场来自地狱的烈火。"他紧皱双眉，按着自己粘贴着假发套的脑门，"水熊虫还可以承受75000个大气压，压力之大相当于在你身上叠加了2000万个自己。普通重力根本无法粉碎它的躯体。2007年秋天的一个星期五，上帝，当我得知这个消息，才知道自己究竟错过了多少东西……听说一些人甚至将水熊虫塞进了一个太空舱，在低地球轨道漫游了十天，暴露在真空的太空中。这些虫子最终活着回到了地球。超过68%的虫子在高能紫外线的辐射和重力的摧残下幸免于难。"102先生摇头道，"要杀死这些小家伙竟然如此困难，自然环境几乎不可能对它们造成什么威胁。它们比真正的狗熊坚韧太多了。"

10. 滴水之力

就在刚刚一刹那,星星对如此顽强的水熊虫充满了羡慕。她低头揉捏着衣摆,怀里的那块保留着外婆信息的手帕又浮现了出来。

"你在想些什么?"这种心事没能逃过 102 先生的眼光。

"人类要是也能这样就好了。"星星说。

"水熊虫可不光是生物,它的遗传物质中有 1/6 并不来自微生物祖先,而是来自植物、细菌、真菌和古生菌。从一些非生命体中盗取了 DNA,这些小家伙才偷师了熬过严苛的地球时光的超能力。"

"原来如此。"星星轻声道,"那么,为什么连大火都烧不死它们呢?妈妈说,把食物煮熟了,里面的细菌就被烫死了。"

"其实如果真的给它 400 多摄氏度的高温,水熊虫也是会死的，再稳定的有机物都会在这个温度下分解，但它的生存能力确实令人拜服。一个比较可靠的说法是支撑水熊虫生命活动的蛋白质，具有一种免于发生结构变化的功能。"

"不是很明白……"

"你有没有吃过那种风干的牛肉？将生牛肉晾干，挤出水分后，脂肪和蛋白质就变得比较稳定了。"

"外婆要嚼上半天才行，假牙就不够用了。"

"水熊虫就有自动排干体内水分的法术。每当它们脱离了宜居的环境，比如说遭遇极端气温，或者被丢进了真空，它们就会将身体里的空气和水都排挤出去，变成一块类似石头的物质。石头的原子结构要比生命体稳定多了。"102 先生挥起鹅毛笔，又在纸上记录着什么，"听说在一些沙漠里找到的死者，历经 3800 多年面容还是清晰可辨，这就是脱水的好处。"

"但是一个那么久以前的人埋在沙子里，没有办法再次让他复活啊。"星星脑中转过一个念头，很快就被自己浇灭了。

"小孩子聪明起来还真是棘手，"102 先生不得不再次搁笔，认真地回答，"没错，脱水后，人就已经永远地死去了。因为人体许多蛋白质的活性就是依靠水溶液来维持的，脱水的同时也会摧毁蛋白质的结构。但是水熊虫却有一种其他生命不可企及的天赋。那个时候我真不知道它们身上竟然有那么厉害的绝招！"

"别卖关子。"星星推了推102先生藏在羊毛黑袍下的手臂。

"变成'石头'后，水熊虫虽然丧失了新陈代谢的能力，看起来死了，可一旦等到环境再次慷慨地施予滴水之恩，这块'石头'便会复活过来。当它们从太空环境被带回地球家园，人们就用这样的方式重新唤醒它们——在身上淋上几滴水。其中的大多数后来还自行产生了胚胎，再次踏上基因遗传的旅程。其实对单只水熊虫来说，寿命也不是无限的，它只能在正常环境里存活半年，但环境的浩劫却能激发其全新的历程。在变身石头的'假死'岁月里，它们就是永生的。要让它们重现人间，代价只是几滴水。"

星星双手合十，仿佛在祈祷，也像在恳求。她多么希望，外婆也这样暂时地沉睡啊，某个午后会在一棵树下醒来，树枝滑落的露水让她们重聚在时间的花园。

"你又在想什么？"102先生从那张梨形的软垫上站了起来。

"如果外婆也能这样复活就好了。"星星的眼眶渗出泪水，一颗颗晶莹水滴折射出的梦幻，包含了她的所有期盼和思念。

"这儿是一个大迷宫，快去继续冒险吧。"102先生脱掉假发套，露出了郁郁葱葱的金发。

11. 公主沉睡了

只有过道尽头的房间没有写上数字。星星小心翼翼地接近。靠近尾部的机身情不自禁地颤抖，就像遭遇了一股微弱的气流。这里是一条隧道。她想起和外婆一起的旅行，就是被一只偷食香蕉的老鼠吓得魂飞魄散的那次；在天上飞行的时候，大人们就是从这儿推着小车，端出热乎乎的餐盘。

数到第七下，门弹开了。里头探出一个老人。裹着卷毛毯的臂弯里起起伏伏。

"进来。如果你不怕狗的话。"老人平静的语调中透露出些许庄严。

里头没有点灯，窗帘严丝合缝，在金属般的光焰里，一面圆弧形的塑料墙上，只有几个椭圆形的相框显现了出来。唯一的色彩来自一尊金色的小佛像。外面波涛拍岸，发出凄切的声响。小狗毫无动静，像是熟睡了。

"你有没有一双鞋跟会闪光的鞋子？"一坐下，老人就问了一个奇怪的问题。

星星摇摇头，用余光偷偷打量四周，到底是什么人隐居在"鲸鱼旅馆"这个最遥远的房间里呢？

"哦。"老人在床沿坐下，小狗突然伸直了树枝般的前爪，摇晃着大耳朵，挺身跳到了枕头上。

"101、102、203，都住着好玩的人……我喜欢他们。我喜欢这儿。你又在这里做什么呢？"星星说。

"这里是一个迷宫。"老人边说着，边抬手卷起了纸做的帘子。

帘子挂在一扇完整的舱门上。透过半臂宽的窗口，能看到外面白象般的山峦，辨出那座主峰完美的等边三角形。机尾弧形的管道里，塞进了两张床。一张要比另一张短上一些。小狗就蜷在短些的床上继续酣睡，乌黑的鼻头像金鱼那样吐出一串泡泡。

"你的房间比他们的都大！"星星看清了墙上悬挂的圆形照片，是一个长着雀斑的小女孩。她在雪地上奔跑，鞋跟的塑料灯闪着蓝色的光珠。不远处的屋顶炊烟袅袅。

老人一眨不眨地盯着星星，低声道："这里原本是用来放黑匣子的。"

"黑匣子,那是什么?"

"英子最后的声音就存在里头。我的小英子。"[1] 他眼眉低垂,平静地说道。

星星也讨厌那样恶劣的云雾天气。一个叫"英子"的女孩被雪雾卷入了那个看不见的世界。当飞机坠地的消息传来,爸爸赶到了机场,从附近一片泥泞的沼泽地中奇迹般地抱回了她。[2]

"她没有运气离开医院,不过,这并不意味着她已经死了。"老人望向贴在墙上的照片,发了一会儿呆,就好像在镶嵌着相片的圆圆的玻璃背后,女孩的脚步从未停下,朝着木屋的门扉,飞奔而去。

"她变成植物人了吗?"星星从外婆那儿听到过这个词。她在医院里听说过这样的人。其中的一些将在床上度过他们的一生。

老人的眼尾耷拉下来,"她没了呼吸。不过我请他们先

---

1 原型是一位泰国女孩,她因病去世后,她的工程师父亲选择将她冷冻起来,为之取名英子(Einz)。

2 2002年两架飞机在空中不幸相撞,史称乌伯林根空难。俄罗斯建筑师维塔利·卡洛耶夫发现了坠落在一片树林中因被树枝缓冲而几乎完整的女儿戴安娜的遗体。此处用来纪念这场悲剧。

一点一点为她降温,将每根血管里的血都换成另一种透明的液体,这样才能在冷冻的过程中保护她。"

"那她在哪里呢?"星星问道。

"在一个很冷很冷的船舱,孤零零地躺在一个泡沫塑料盒里。那儿就是她的床。她的新家。"老人半天才转动了一下浑浊的眼球,"已经等了足足40年,隔着玻璃,我见过一次……"

"她还好吗?"

"好,除了瘦了些,就像是睡着了。小英子还会睡下去的,直到有人能想到办法将她叫醒。"

小狗的双腿微微抽搐,似乎在梦里狂奔。

"真有这样的人吗?"星星真心希望答案是肯定的。

老人瘦削、冷峻的脸上终于浮现出一丝笑意。"有的,有的,"他恢复了平静,"这里就有,住在一楼的轮舱里,那边原来是用来收纳轮架的。每年总有那么几天,那个人会来这儿度假。她说快了,很快就有办法让我的宝贝醒过来了。真的有的。"

"我相信!"星星真诚地回答。

在老人布满皱纹的宽大手掌的爱抚中,小狗舔弄嘴唇,醒了过来,原地追赶自己弯弯的尾巴。

"和我一起住吧!"他对星星发出邀请。

"你也是来度假的吗？会在这儿住上多久呢？"

老人呢喃道："一直住下去，一直住下去，宝贝也在这架飞机上待过，她就从这里离开了，所以我找到这儿来，这儿是我的家……"

星星看着他的眼睛。那里装下了所有没能化开的冬雪。她点了点头，突然决定不告诉他，自己不能一直住下去。她已经想家了。

12. 细胞之刃

　　暮色就像一大锅难以煮沸的奶油汤。白昼的光幕果然再次有气无力地垂悬天际，没有人能搬走。一、二、三、四……九……高高在上的机身里，那么多盏灯火颤巍巍地燃烧。晚风时有时无地吹出了哨声。

　　经过餐厅的时候，星星灌了满满一大杯燕麦奶，却将马克杯忘在了客舱梯上。她在距离不远的草坪上坐了下来。好久没有见到繁星了。它们在垂暮的天边似有还无地显影。她从怀里取出了几根头发，它们在风中颤动，像一捧丢入水中的干枯的海草。她用手帕重新叠好，放回怀中。

　　不远处，亮晶晶的地衣草地上现出一个人影。星星端详了好一会儿，人影才开始向自己靠近。

　　"你也是这儿的旅客吗？我不知道这里还有小孩子。"

来人[1]主动说话。她的扁框眼镜微微透出蓝光，苹果肌异常发达，一根粗壮的马尾辫拖在脑后。

"你是谁？"星星抽了抽鼻子，问道。

"怎么了，看起来你有点不开心？"她的那双小眼睛显得十分锐利。

"如果早知道就将外婆冷冻起来，她是有可能在这里复活的，是吗？"星星懊恼地说。

"懂了，你去见了黑匣子房间的老先生，知道了英子，对吗？愿意和我聊聊吗？"

"不知道你住哪里的话，就不清楚怎么称呼你。"

"104房间。""104小姐"蹲下身。

"我想知道，真的可以复活一个冷冻的人吗？"星星也在她的身边坐了下来。

"首先你得明白这很难，"104小姐拍了拍星星的背，"我们很早就做过实验，让一个人揪住一条金鱼的尾巴，另一个人打开一只装了液氮的玻璃瓶，要知道，零下196摄氏度是很低的温度。我们将一条活蹦乱跳的金鱼放了进去。很快金鱼凝固了起来，就像一只蜻蜓被关进了琥珀一样。一分钟之内，我们又将这条金鱼捞回了温水里。你猜发生了什么？"

---

[1] 原型是中国科学院理化技术研究所研究员饶伟，她带领团队研发出一种无毒性的冷冻保护剂，并且对低温生物医学很有研究。

"冰块融化了？"

"是的，鱼儿活了过来，重新在水中穿梭。"

"它复活了！"星星大喊道。

"这听起来太像复活了，是不是？但是很遗憾，这并不代表生命冻存后的死而复生。相反地，这说明结冰的仅仅是金鱼体表的水，在短短1分钟的冷却中，它的心脏依然在勃勃跳动，所以它并不是从低温中复活，而是尚未在低温中死去。"

星星若有所思地收敛起笑容。

"别这样，我们不是那么容易放弃的人。很快又换上了几只黑背蚂蚁。我们将这些蚂蚁放到了零下20摄氏度的环境中足足待了48个小时，这一次恢复室温后，你猜这些蚂蚁发生了什么？"

"听起来应该冻死了。"

"534只被冷冻的蚂蚁中，最终有7只死里逃生。"

"啊，它们居然复活了！这次算是复活吧？"星星的心跳再次加速。

"可以这么说，不过零下20摄氏度比冷冻人体需要的温度高得太多了。金鱼在零下196摄氏度的低温中，两三分钟就会死去。更何况，现在液氮已经不流行了，冷冻人体更多地使用液氦，温度可达到零下269摄氏度，"104小姐推了一下镜架，说道，"不要那么失望，我们至少得到了另一个收获，这次是通过每分钟降低 0.013 摄氏度的方式慢慢给蚂蚁降温的，说明这种办法对于将来的复活可能很有帮助。"

星星想起了黑匣子老人的话，当时英子就是这样降温的，"为什么慢慢降温比较好呢？"她想了解更多细节。

"因为水的存在。我们的细胞里充满了水分。当温度降到零摄氏度，就会在细胞内形成冰晶。这些尖锐的利刃会刺破细胞的内壁，让冷冻的身体内部变得千疮百孔。慢速冷冻可以让细胞内的水分缓缓地渗出细胞外。没有了水分，冰晶也就不会形成了。"104 小姐耐心地说，"这种冷冻必须先抽干血液，替换成冷冻保护剂，细胞膜就会被这些化学液体完全浸透，变得像纸巾一样吸水。"

"英子就是这样的，她的血管里都是这些透明的液体。"

"是的，而且她非常非常幸运，最常用的冷冻保护剂其实是有细胞毒性的，躺在低温罐里的人可以耐受它；但当他们复温，如果想不出别的办法，他们只能再次死去。英子赶上第一批尝试了 L- 脯氨酸及海藻糖[1]，它们是无毒的。"

"那么，这个小孩子真的可以活过来吗？"星星哆嗦着双唇，屏住呼吸。

---

[1] 2021 年 12 月下旬，这种没有细胞毒性的冷冻保护剂正是由饶伟团队研发出来的。

"事情总是这样,我们先有概念,再有方向,最后找到办法。"云团沉积在天空的培养皿里,水分将104小姐细密的额发慢慢沁湿,"要不要去我房间坐坐,再给你看个好东西。"

13. 唤醒一个玻璃人

原来 104 房间就是用来收纳轮架的轮舱。104 小姐就是住在黑匣子房间里的老人在等待的救星。她的桌子上放着一个铁器，架着一支透明的试管，上头黑乎乎地写着什么字。里面漂浮着一团粉色的东西，像是一朵被水泡开的蔷薇花。

当着星星的面，她取出了管子里的"花"，轻轻摇晃，"你知道这是什么东西吗？"

星星皱着眉说："我可不清楚。"

"这东西慢慢地会长成一头小猪。怎么，你不信？你在妈妈肚子里的时候，也是这么一个毛茸茸的小玩意。"她丝毫没有停下手上的动作。

星星的鼻尖就快凑到玻璃管壁上了，"但这看起来……并不怎么毛茸茸。"

"现在它还冻着呢，这就是一根冷冻管，小猪的胚胎在这里睡了不少日子。待会儿它就要苏醒了。"

大概过了三分钟，也许没那么久，本来冰封的小猪胚胎就完全融化了。

"天啊，它是活着的吗？"面对这块水母般漂浮的东西，星星惊呼起来。

"现在还没有呢，你得有点耐心。"104小姐将装着水溶液的试管放回了铁架上，捞起解冻后的胚胎，蹑手蹑脚地丢进了一个玻璃皿，"水只是用来解冻的，这会儿好戏才开始呢。"

星星嘟着嘴，指着玻璃皿问："这个碗里装的又是什么呢？"

"一种生长培养液，在这儿泡上24个小时，冷冻保护剂就被彻底洗干净了，到那个时候，小猪的胚胎就真的活了过来。"

星星点了点头，"所以就是用这种培养液来把英子叫醒吗？"

104小姐微微皱了皱眉，说道："我们的躯体太厚了，所以不可能这样做。"

"太厚了？是什么意思？"

"你看，这只小猪的胚胎才这么丁点儿大，所以冷冻和解冻都可以保证是平均地、匀速地进行，可是我们的身体要比一只胚胎厚得多,准确地说,是厚薄不一得多,你怎么保证每个地方都能在同一时间加到同一个温度呢?"104小姐耐心地解释道,"还有,我们身体里的体液环境成分是非常非常复杂的,不同类型的细胞,各种组织的间隙,都有不同的成分、压力等等。当我们活着,这些都受到了严格的完美的调控,要创造出一种培养液来适应这么多细胞同时复苏的需要,这是难以想象的。"

星星想到那位沉睡的公主,发出轻声叹息。虽然她们还不相识,但她真心希望那个小孩能活过来,因为她爸爸还在等她。

"比复活一只小猪胚胎难上太多啦。"104小姐顿了顿,将眼镜整个取了下来,紧了紧镜腿,"热量不均匀的话,身体各个部位就会变形,就像你将一张用来包巧克力的锡纸放在烛火上烤,立马就会卷起来,对不对?解冻的时候身体随时可能碎掉,脆得就像块玻璃似的。"

"这么说起来就想不出一点办法吗?"窗外,一条橙色的光带从海面上漂了起来,为雾蒙蒙的暮雪时分洒上金粉。

"当然不是啦,我就是特意来告诉他这个好主意,"眼镜重新架上了104小姐的鼻梁,"我们会将一些很细很细的颗粒放进器官和血管里,这些颗粒是类似铁屑的可以导热的东西,这些小颗粒在身体里分散开来,这个时候想办法为它们加热，身体就不再是一整个笨重的大个儿。"她用食指比画了一下，"这些小颗粒就好像是非常迷你的加热器，可以均匀地将玻璃般脆弱的身体烘热。身体融化后再将它们冲洗干净就行了。快来瞧瞧这个。"

一团熟褐色的肉块浸泡在液体中。星星皱了皱鼻子。

"这是一只大鼠的肾脏，别嫌弃，你也长了这个东西。"104小姐弯起两道细眉，"确切来讲，这个家伙是一位被导热颗粒成功复温的哺乳动物先驱。英子的身体被保护得好好的，我们正在一些大尺寸的生物样本上试验这种加热器，下一个就会是她了。"

星星这才定睛打量这只破碎的器官，一直看、一直看，它漂浮在玻璃的囚笼之中，远离自己的母体，此刻就像是一个小小的逗号。

"原来只要冷冻了身体，真的可能在以后的某一天复苏的……"虽然满心遗憾，星星还是希望英子能迎来和爸爸重聚的时刻。

"时间可以回答一切。不用太遗憾你的外婆没有这个机会，因为在通往永恒的路上，别的机会还有很多。"仿佛穿过两片薄薄的树脂镜片，104小姐可以看透星星的内心。

14. 普罗米修斯和虫子

亚克力制成的舷窗上留有许多划痕，来自紫外线照射、高低温差和压力反复的摧残。按动下方的圆形按钮，内层保护罩就变成了遮光的单色液晶屏。通过这个滤镜，星星就像透过水族馆的蓝色玻璃般，观察209房间正对的通向旅馆招牌的小径。钢笔小姐还是杳无音讯。

一位西装革履、身姿挺拔的男士[1]提着一只牛革材料的行李箱，出现在小径的起点。他的嘴唇躲藏在胡须的丛林里，镜架边缘垂下的细绳缠在脖子上。没过多久，他的脚步声停止在隔壁房间的门前。星星决定主动去拜访这位207房

---

[1] 原型是涡虫的第一个系统研究者托马斯·亨特·摩根（Thomas Hunt Morgan，1866—1945），现代遗传学之父。他因发现DNA位于染色体上而获得诺贝尔生理学或医学奖。他确立了以果蝇为中心的生命研究模型，但在这之前，他其实做了不少关于涡虫的研究，只是没能受到学界的充分重视。

间的新访客。

"嗨,小家伙,你是我在这儿的第一个朋友。"对方热情洋溢地打着招呼,左手拿剪刀,右手持胶带。

"我已经长大了!"星星说。

"好的,比起我掏鸟蛋的年龄是大了不少,那么,怎么样,大朋友,你来搭把手?""207先生"笑道。

星星看到他正在将一幅巨大的墙画贴到弧形的树脂墙壁上。等帮他递上剪刀,她看清画上是一位正在受苦的巨人:他的胸腔被切开,右手腕被一根粗壮的铁链打穿,锁在悬崖的岩石上。太阳毫无指望地坠毁在西面的山脊,老鹰扑到他的身上,将尖利的前爪扎进他的一只眼珠,用钢钩般的长喙袭击这位巨人的前胸,一点一点啄食暴露在外的内脏。

"这是普罗米修斯,神话里的人,我并不关心他是不是为人类盗来了火种,这方面我没有什么想象力,我感兴趣的只是他的肝脏。"207先生从床上跳下来,将手指放在鲜血淋漓的部位,"每次被老鹰啄完,都会有新的肝脏长出来。这说明了什么?"

"你是医生吗?"

他整理衣领,彬彬有礼地说:"一个不看病的医生吧,大朋友可不能回避问题,普罗米修斯的肝脏可以不断生长,这说明了什么？"

"说明这是个神话……"

"小机灵鬼，说明创作这个神话的古人已经发现了肝脏的再生能力。这是真的，肝脏里特殊的细胞可以让它在受损后自动修复，一个成年人最多可以切除 70% 的肝脏，经过一段时间便能恢复原样。可惜的是，其他的器官就没有这种好运。"207 先生耸了耸肩膀，"要不然就可以距离永生更近一步。"

星星忽然想起在乡下的日子。凉风习习的傍晚，外婆指着一条壁虎告诉她，断尾的伤口还会痊愈，长出一条新的尾巴。说完，壁虎就沿着廊下爬满地锦的马赛克矮墙夺路而逃。

"就像壁虎的尾巴一样。"她说。

"没错，但是它们尾巴上的伤口不会长出一个脑袋，就像普罗米修斯被掏空的腹腔不会长出一个心脏。"

"这听起来有点怪怪的。"星星蹙起眉头。

"你觉得这不可能发生？当自命不凡的人类还在妄想有一天所有器官都能自我修复、永无尽期，有的生命已经如此这般地生活了 6 亿年之久了。"207 先生从笨重的行李箱里取出一个系着牛皮绳的记事本，"就是这个叫涡虫的小东西，说真的，这是我很久以前的研究，有段时间我很迷恋它们——在迷上果蝇之前。"

画面里手绘的这些虫子身体扁平，就像一片片柳树叶子，一对并排的小眼睛显得非常可爱。不过，它们是以连环画的形式出现的，有些缺了脑袋，有些身体破碎。

"你对它们做了什么？"

207先生笑着答道："将涡虫切到了原来虫体的二百七十九分之一大小，每份碎片小于一毫米。"

星星连连摇头："这是什么恶作剧？"

"哈哈，别急着批评我的残忍，大朋友，这些碎片非但没有死去，相反，大部分都重新长回了DNA一模一样的自己。所以我不是在杀死它们，而是帮它们按下生命复制程序的关键按钮。"

"电影里才有这样的事。这些都是骗小孩子的。"星星噘起嘴，表现得满不在乎。

"是时候让你见识一下地表再生能力最强大的生物了。"他转身端出了一只加盖密封的搪瓷碗。

15. 万能细胞

几块河卵石下,三四条袖珍比目鱼模样的虫子正懒洋洋蜷缩着打盹。"我就用这个来采集它们,"207先生指着一支毛笔,说,"和经验中的一样,在溪水中的石块底下发现了这些小东西。"

说话间,他在行李箱夹层里拿出一把薄如蝉翼的小刀,"注意看,大朋友。"他对着一条涡虫的腹部切了下去。透过自己的指缝,星星睁开眼睛看到那条可怜的虫子已经裂成了两段。

"你仔细看那条,两个月前它也是一块碎片,现在慢慢长起来了,变回了虫子。"

"怎么证明你说的是真的?"

207先生笑着用一把竹篾刷拨动了另一条虫子,它露出了自己的全貌。星星捂着嘴惊叫起来:"天啊,它有三个脑袋!"

"没错,我在它的脑袋竖着切开三段,只要不切断,伤口的部分就会长出三个脑袋。它们显然是一群不甘心赴死的精灵。每当临死,它们就会主动横向地切断自己。这并不会带来疼痛,反而瞬时打开了无限再生的开关。"

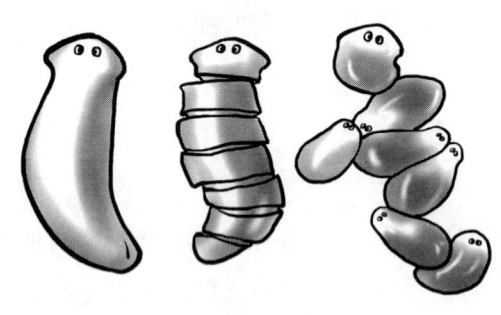

涡虫再生示意图

"这个游戏可以一直循环下去吗?"星星看着那只三头的小怪物,心底生出了几分敬畏。

"除非某个好事的操刀手专门挑选在它进食时动手,切开躯干的一刻,虫子将被自己的消化液腐蚀烧毁,或者是恶毒地专门将它竖向切断,只要切成三段,虫子便必死无疑了。"207先生合上盖子,在床尾坐了下来,"否则的话,就算将它们切得支离破碎,即便送进太空舱,一样可以长出新的身体。"

"怎么会有这种事呢?"星星满脸不可思议。

"这些虫子浑身上下有30%的细胞属于全能干细胞,而对你来说，现在你身体里一个这样的干细胞都没有。因为当你告别自己的胚胎阶段，这种好事就和你无缘了。"

星星瞪圆了眼睛，说道："可是我还不知道什么是干细胞呢。"

"干细胞有好几种，不过能够分裂成各种各样细胞的干细胞凤毛麟角，你最早的时候只是一颗受精卵，用不了多久，这颗受精卵就发育成了胚胎，胚胎里的干细胞是多功能的，它们快速分裂出了大脑、骨骼、心脏、神经、肌肉等等细胞，可一旦生命的发育完成，这种全能细胞就黯然退场了。你的身体里再也找不到它们。你没有被准许再生。"

"那么肝脏呢？"星星的脑子在飞速旋转。

"肝脏再生能力虽然也很强大，但是里头的干细胞只能用于修补这只扁扁的'橄榄球'，而不能修复其他器官的损伤。这和断了尾巴的壁虎不会在创口上长出一个脑袋是一个道理。"

"这些小虫子全身都是全能细胞，哪里有伤，就冲去哪里补窟窿……"星星惊叹于这些其貌不扬的小东西近乎魔幻的生命力。相形之下，人类是如此不堪一击。

这位瘦高个的绅士重新回到了桌前，匍匐在一堆皱巴巴的稿纸上，头也不抬地答道："在灰烬中，它们的确可以一次次再生，就像凤凰一样。因为它们简简单单就克隆了自己。"

16. 不受欢迎的人

星星困在了一个问题里：如果一段涡虫的碎片发育成了新虫子，两条虫子之间又是什么关系呢？外头的天始终灰雾缭绕，清晨和黄昏仿佛是一对孪生子。她想了很久，直到被机头餐厅的一阵扰攘吸引了过去。

"在座的每个人都会被你们的想法冒犯！"隔着走廊，星星就听到了喊声。同时响起的，还有金属转椅与地面摩擦的声响。

"听着，我不是上帝，我不扮演上帝！通过克隆，我只是在做上帝的工作！"趴在餐厅的门沿上，星星看到，被围攻的男士发际线左右两侧耸起两个很大的棱角，组成了字母M。[1] 他直着身子冲其他人嚷嚷。众人陷入了短暂的沉默。

---

[1] 这里是一个偏反面的原型，一直支持克隆人的医生帕纳约蒂斯·扎沃斯（Panayiotis Zavos, 1944—　），就职于美国列克星敦肯塔基州生殖医学中心。

几乎所有星星认识的旅客此时都聚集于此,连带着几个未曾谋面的人。

"克隆……"星星嗫嚅着说。她从207先生那里听到了这个词。身旁一位在黑色牛仔毡帽上插了一小簇羽毛的老人[1]没有起身。在他圣诞老人式的大胡子下,冒出了几个音节:"不妨,想一想,花。"

"花?"

"现在你有一盆茉莉花,或者玫瑰,随你的便,你想再来一盆,该怎么做?"他苍老的面部的肌肉略微有些颤抖,躲在胡须里的虎牙闪着白光。

星星搜索脑海里的画面。爸爸总是莳花弄草,她也会跟着外婆学习用耳朵聆听花朵的言语,却从没留意过"毡帽先生"提出的问题。

"只要剪下一根枝条,插进湿乎乎的泥土里,等它生了根,就能长出一株新的花。虽然听起来不像,但这就是克隆。"

"克隆不是一模一样的意思吗?两盆花可不太一样,一盆可能结了两个骨朵,一盆可能会结五个。"

"我们这些写科幻故事的很会骗人。只有复制才会一模

---

[1] 原型是英国奇幻作家特里·普拉切特(Terry Pratchett,1948—2015)。之所以请他出场是因为他死于阿兹海默症,和后面讨论治疗性克隆的内容相贴合。

一样。完成'克隆'后,新的花还得从种子开始生长,相比原来的花,或许你多加了雨棚,或许少沤了一些肥,它会长成并不完全一样的花。可是茉莉的特征已经完完全全遗传给了另一株,这就是克隆。"

"克隆出来的新花,可以算是原来那盆茉莉的宝宝吗?那些新长出来的涡虫,可以算作原先那条虫子的宝宝吗?"星星注视着对方的眼睛,迫切地想在两个"泉眼"里找出答案。

"这就像有人将自己同卵双胞胎的妹妹当成孩子一样荒谬。"毡帽先生说,"从生物的角度来说,两盆花就是同一盆花,因为它们的DNA是一样的。断成碎片的虫子也乐得将自己的基因完完全全克隆给新生的虫子。所以它们就是同一条虫子。"

"但是一只涡虫死了,还有它的'替身'继续在活,所以它就没有死去。""M先生"赶忙见缝插针。他的话像是触发了某个机关,另一个男人[1]从角落里猛地弹跳了起来。

"一朵花可以克隆自己,涡虫也一样轻而易举,人类同

---

1 原型是记者戴维·罗威克(David Rorvik,1944—),他声称参与组织克隆并写出了畅销书《按照他的相貌:一个人的克隆》,实际上,这本书里的内容被广泛认为是一个骗局。不过,其中涉及的对克隆技术的描述是有科学依据的。

样可以做到，借此达到永垂不朽。"这个一直抱着电脑疯狂敲击的男人停了下来，但很快就遭到了另一个人[1]的反唇相讥："你应该立刻停止这种诈骗！带着你的伪作滚出这里！"

"谁能告诉我这究竟是怎么回事……"星星茫然四顾。餐厅乱作一团，在其他所有人的反对声浪中，M先生和"电脑先生"不得不提着行李落荒而逃。

而经过星星身边时，M先生却忽然开口嘟囔了一句："克隆甚至可以让死者复活……"星星怔在原地，片刻之后，慌忙撒腿向两个人的背影追去。

---

1 原型是指责大卫抄袭自己博士论文的生物学家J.德里克·布罗姆霍尔（J.Derek Bromhall）。1975年，他用兔子胚胎进行实验，结果表明在某个发育阶段，通过核移植产生的胚胎会死亡。

17. 死者的回归

电脑先生自称是一个科学记者。他说有一个名叫麦克斯的富翁找到了自己，请他帮忙招募一批科学家。在太平洋岛屿上的一个秘密地点，这些人向死神发起了总攻。

"科学家先在麦克斯皮肤上提取了一颗活细胞，分离出它的细胞核，接着敲除了一颗卵子的细胞核，将麦克斯的细胞核移植到了这颗无核的卵子中，一颗人造细胞就做好了。"

"这个人造细胞会变成小宝宝吗？"星星问道。

"科学家只需要电和化学试剂，再加上卵子中的特殊物质，就能让它像受精卵一样开始分裂，没多久就变成了一个胚胎，你也是从胚胎来的。"M先生在一旁补充。

"是的，这真是一个天才的主意，胚胎里头的干细胞是多功能的，它能变化出呼吸、心跳、四肢，这颗人造的胚胎经过孕育，便产生一个克隆人。"电脑先生手舞足蹈地说，"这个克隆人和麦克斯遗传物质完全相同，不能看作是麦克斯的孩子，而是一个比他本人晚来世界几十年的'自己'。"

M先生用力甩了甩脑袋，就像上面遭到了鸟粪的空袭似的。他说："尽管麦克斯会死去，克隆人则百分百地复制了他的基因序列，从生物的角度看，麦克斯本人就可以借由这种技术一遍遍活下去。"

"那他们为什么说你的书是假的？"踏着雾气，星星加快了脚步。

电脑先生夸张地扭曲面部肌肉，撇嘴道："可他们不能否认这项技术是真的！"

随之继续自己洋洋自得的叙述："在科学家的柳叶刀下，一个走过了普通生命既定程序的细胞时钟可以逆转，调回到初始状态。多么伟大！多么感人！"

"那你刚才说的复活又是怎么回事？"星星定睛望向M先生。这才是她最关心的事。

M先生抬起一侧嘴角，道："这确实是我的手艺。"

"你是怎么做到的？真的可以吗？"星星激动地拉住他的衣角。M先生和电脑先生对视了一眼，一丝狡黠的笑容爬上了眼角眉梢。

"不是我吹牛，有一个少年死于摩托车事故，绝望的母亲立刻给我打来电话，表示即便只有十亿分之一的机会也愿意让他起死回生。我迅速从他的上臂采集了样本，找到了几颗还活着的细胞，成功提取出了装着 DNA 密码的细胞核，将它植入了一头奶牛的卵子，对它进行电和化学刺激，细胞果然开始分裂，最终长到了 64 个细胞。"

"等等……奶牛的卵子？"

"这就是我来这儿的原因。如果那些家伙允许使用人类的卵子，就可以将人造胚胎放入人体孕育，九个月后，孩子就可以出生了，这个孩子将和那个倒霉的少年共享同一套基因代码，对他的母亲来说，就是某种意义上的复活。"M 先生挑着眉毛，沉醉在骄傲之中。

"那么，我能不能拜托你这个。"星星将手伸进了自己的怀里，触碰到了那方花瓣一样柔软的手帕，"我这里有外婆的 DNA。"

"这个……"刚刚还慷慨陈词的 M 先生变得迟疑起来，"恐怕还不行，我就是来争取更多盟友的，这么多年过去了，没想到这群人还是这么冥顽不灵！"

电脑先生伸出手，两人勾肩搭背向小径的深处走去。

深深的失落感向星星袭了过来。她再次失望了。但是当她重新收好手帕踏上返程，一位美丽的年轻女士在草坪上喊住了她。

"对不起,我听到了关于你外婆的事。"

"我想请他们帮我克隆一个外婆。"星星说。

"那至少需要活的细胞。不过,这不是重点。我很抱歉这么说,但你不应该这样想的,即便你能找到那样的细胞,永远不要去尝试克隆一个人,好吗?我祈求你……"她的声音犹如清泉,说着说着,她竟然哽咽起来。

18. 世界上另一个"我"

"我叫凯西,今年31岁,"女人没有血色的双唇微微翕动,"来自海尔森。"[1]

"海尔森?那是哪儿?我从来没听说过。"

"我总能回想起那里,每当开着车经过浓雾弥漫的田野,或是从山谷一侧下来,看见远方一栋高大房宅的侧影,甚至是看见山坡上的白杨树独特的排列方式……我都能想起自己和他们在那里度过的几个夏天。"

"他们是你的朋友吗?"

"我们都被圈养在那里。吃饭、学习、拥有爱情,谈论心中的焦虑,也闹过一些小小的不愉快。但是渐渐长大后,

---

[1] 凯西和海尔森出自诺贝尔文学奖得主石黑一雄(Kazuo Ishiguro,1954—)的《别让我走》。小说讲述了一群寄宿在校外的克隆人被用于基因工程研究的故事。

我的朋友和爱人一个个都倒在了手术台上。"凯西小姐流着泪说，"海尔森的人们，我们，其实就是一群克隆人。"

凯西小姐凝视着远方，海浪和贝壳耕耘过的方向，半晌才悄声道："最早的时候，我和你一样，只是一个胚胎，但胚胎不是来自爸爸和妈妈的结合。我没有爸爸也没有妈妈，一些有钱人将自己的细胞核取了出来，通过手术，克隆出了我。我们这些克隆人就被圈养在海尔森，等到有需要的时候，我们的器官会被拿走，奉献给那些有钱人。那些人管这叫'捐赠'。"

星星咬着拇指盖，在凯西小姐脆弱、忧郁的目光中一言不发。她看起来明明也是那么活生生的人。"这么说起来，克隆是一件坏事……"星星低声说。

"我真希望自己不是工具人，还有我爱的人，因为四次痛苦万分的'捐赠'，他融化在了手术台上，就像一块冰。"一颗豆大的泪珠从凯西小姐的脸颊滑落。

"可是，他说克隆人能帮我带回外婆的……"

两个人的身后传来一个苍老而有力的声音："不，用克隆技术繁殖人的做法是不能被允许的。"星星回过头，是那个住在遥远的黑匣子房间的老人。那位沉睡的公主的父亲。

"在270多只绵羊胎死腹中后，人们搞出了一只名叫'多莉'[1]的克隆羊。后来这群人疯了，真刀实枪地杀入了克隆人类胚胎的领域。可是你要知道，当科学家用化学方式刺激一个外来的细胞核与卵子结合，这颗人造的胚胎就已经具备了发育成人的可能性，距离允许克隆人类就只剩下一步之遥。你永远不知道会因此诞生多少畸形的生命，他们最终又会被用在哪里。你也将迷失在对他们身份认同的困境里。"

"但是，但是你不希望英子回来吗？"星星说道。

"这样回来的孩子并不是她。"老人点了点头，又摇了摇头。星星出神地听他说话。此刻，他们身在雾中，却好像并肩站在同一个入口。爱的人则长眠在大雾的出口。

"即使允许出现克隆人，孩子，你也只能得到一个仅仅在生物信息层面和外婆一样的婴儿，当她从头开始生活，她将被接下来周遭发生的一切所改变，甚至连长相也会变得不那么相同。人并不只是一堆生物信息，而是她所阅历的时间的总和。在重来一次的时空跑道上，外婆将不再是你的外婆。"

待星星顿悟过来，老人已经陪伴凯西小姐一起，朝着被浓雾吞噬的小径的另一头走去。雾气中的物质歪歪扭扭地摇曳身姿，就像是从水底生长出来的植物似的。

---

[1] 多莉是应用细胞核移植技术，利用哺乳动物的成年体细胞培育出的雌性绵羊，是第一个成功克隆的哺乳动物，出生于1996年7月5日，寿命不足7年，低于约12年的正常寿命。

19. 让他忘不了

星星蔫头耷脑，走回空荡荡的餐厅，那里只剩下一个人，他独自消灭着盘子中间一小座土豆堆起来的山丘。当他用一块餐巾擦拭唇角留下的食物残屑，星星发现就是那个在黑色毡帽插上几根羽毛的老者。

"你回来了，"毡帽先生一眼就认出了她，"我该感恩还认得你，过去你告诉我名字的那一刻，我可能就忘了你。"说完，他拄起一根包裹着金色铜片的拐杖，拐头的部分是一只做工精巧的树脂头骨。

"毡帽先生，你记性很差吗？"星星说。

"忘了日历牌上的时辰，忘了键盘上有一个S，冲太太叫出小狗的名字。好像一直在公园散步，但是公园总是在变，树木站了起来并在那边行走，椅子不翼而飞，小路似乎像盘绕的恶蛇。"[1] 两道花白的眉毛在他的眉弓上如火苗一般上蹿。

"为什么会这样？"

"阿兹海默症[2]，那时候我连这个也忘了。"

啊，是这个病！星星听说从没见过的外公就是这个病。外婆告诉她，年轻的时候他曾当过水手，崇拜一个叫托尔·海尔达尔[3]的人。那个人带着五位同伴和一只鹦鹉漂流在太平洋海域的帆船上，和无数鲨鱼奋战，最后重复了古人们史前的航行。

后来闲了下来，他又开始研究一种雀鸟，想要推翻达尔文的某些论调。就像是口袋里的洞，起初一切都掩饰得很好，外婆丝毫没有察觉。直到一个冬日的晚上，他拧开了淋浴器的冷水开关并洗完整个澡。终于希望破灭了，这是一种无法治愈、不可逆转的病。

"云图变了，天气马上就要好起来了。不如出去走走。"毡帽先生用手帕揩揩嘴，摁下了液压电梯的按钮。星星也

---

1 取材自特里·普拉切特未尽篇的自传。
2 俗称老年痴呆症，一种神经退化性疾病，没有实证证明特定药物或营养补充品对疾病治疗有效，且没有可以阻止或逆转病程的治疗。
3 托尔·海尔达尔（Thor Heyerdahl，1941—2002），挪威人类学家、海洋生物学家、探险家。

跟着一步跨到了铁皮梯子上。

"现在一切都能好起来了。"他摩挲着那块小小的圆形头骨，"在这里，阿兹海默不再是绝症。"

"谁有那么大本事呢？"星星踢开了一块小石子。

"皆拜克隆所赐。哦，别那么看着我，每件事都是既好又坏的。"

"但是克隆人是坏的，对吗？"

"我也不想生活在那样的世界里。就算死，也要死在阳光灿烂中。"刚走出"鲸鱼旅馆"，微风就拂乱了毡帽先生头上的羽毛，他干脆敞开牛皮夹克将风揽入怀里。

"那么克隆又好在哪里？"

"如果一颗人造的胚胎是放进了培养皿，指挥棒就在医生手里，他可以从中提取胚胎干细胞，指定它分裂成神经细胞，当这些新生的细胞被植回体内，生病的神经细胞就被健康细胞修复了。"

"所以你是说克隆还可以治病？"星星想起了那些在灰扑扑的河卵石下觅食的虫子。它们又在谁的指挥下完全愈合了自己的伤口？

"培养皿里可能出现一颗心脏、干净无瑕的血液。我们要反对克隆人，不要反对克隆；反对技术滥用，不要反对技术。尊重生命是一条法则，但是技术也可以治病救人——

牢记，这又是另一条崇高的法则。"

草坪仿佛无限地延展，引吭而歌的鸫鹩正在调试早春的音阶。毡帽先生还说起了曾经那些无望的日子里想要寻求死亡的自由，[1] 然而，当生命的时钟开始倒转，治愈的喜悦赦免了人世的痛楚，他又可以写字，做梦，将一个深情之吻献于爱人。说罢，他挥挥手，独自向着凯西小姐消失的方向迈步而去。

浓雾渐渐撕破白茫茫的面纱，天空换上灰蓝色的天鹅绒裙衫，在纤细的脖颈处露出了两颗淡淡的星子。星星看到它们在永恒的白昼相互缠绕，窃窃私语，想起了自己未曾谋面的外公——那些被疾病折磨的，还来不及展开时间之旅的人群之中籍籍无名的一个。

---

1 特里先生患病后的几年一直在努力推动安乐死在英国的合法化。

20. 干细胞炼金术

星星感到思绪既纷乱又疲惫，踢着小石子，晃回了"鲸鱼旅馆"。走在安静的走廊里，她一会儿想念起钢笔小姐，一会儿又思念着爸爸妈妈和她温馨的房间，不觉抽了抽鼻子。这时，只听一阵窸窣的脚步声，沿着走廊的尼龙毛毯追了上来。星星回过头，一个小眼睛、板寸头的男人站在身后。[1]"听说你对克隆很感兴趣？"他漫不经心地旋转手中的原子笔，"这可能还不如修理洗衣机有意思。"

刚才还沉浸在克隆技术可以治病救人的神圣光环里，男人此时的语出惊人让星星怔在原地。"你也是住在这里的？"她问。

"201房间，就在洗衣房旁边。"他伸出大拇指，朝身后

---

[1] 原型是日本干细胞科学家山中伸弥（Shinya Yamanaka，1962— ），他发现了诱导性多功能干细胞（iPS细胞），并因此获得诺贝尔生理学或医学奖。

晃了晃，"说起来，衣服快洗好了。"

"201先生"走到了角落的洗衣机边，掏出一堆衣服，丢进了一只大竹篓，"这儿的洗衣机不错，比同僚众筹送我的那台礼物还要强一些。"[1]

"201先生，你不喜欢克隆技术吗？有了它，病人就少了。"一股强烈的水果香精的气味扑鼻而来，星星知道是那堆衣服散发出来的。

201先生目光如炬的小眼睛丝毫不为所动，"明明还有更好的解，"他端起竹篓，朝旁边挪了几步，歪着头示意，"房卡在裤兜里，麻烦你！"

进入房间，他将衣服一股脑地撒在床上，立即用两只手掌紧紧贴住后脑勺，对眼前的狼藉一筹莫展。

"你得把话说完，先生。"星星轻声抗议。

"我是说，克隆只是干细胞技术这道方程式的一个解而已，况且还是一个非常危险的解。"201先生拎起一件纯白的衬衫，朝下方抖了抖，胡乱地对折。

"你是说克隆人的危险吗？"

---

[1] 收到获奖消息时，山中伸弥正在自己修理一台老爷洗衣机，日本文部科学大臣闻讯送给他一张礼品券，礼券上有16位参与凑钱同事的签名。每人大概出资126美元，目的就是让他免费领取一台新的洗衣机。

"就算不把人造胚胎放进子宫里,这也有点争议。"

他笨手笨脚的样子,有点令人发笑。

星星追问道:"可是放到培养皿里,指挥棒就在医生手里呀,它只会变成健康的细胞了,不会变成克隆人的。"

"看来你知道的还不少。"201先生将堆积的衣服推到一边,坐了下来,认真地说道,"要指挥它分裂成健康的细胞,就需要用到胚胎干细胞这个原材料,只有杀死了人造的胚胎,才能将里面的胚胎干细胞分离出来。杀死胚胎等于犯了众怒,因为它原本有机会发育成一个完整的生命的。杀死胚胎和扼杀生命之间并不存在绝对分明的界限。[1]"

说话间,笔杆又回到了201先生的指尖。

星星略一沉吟道:"那你能有什么更好的解吗?这儿的人总是神通广大的。"

"当然,我喜欢在没人的赛道上跑步。"201先生指间的原子笔换了个方向,沿逆时针的轨迹倒转起来,"克隆技术证明了假设有一个时钟记录细胞的时间,指针方向完全可以逆转过来,我就发现了一个办法,可以通过别的手段生产这些胚胎干细胞,而不必再去破坏胚胎。"

---

[1] 1997年11月,联合国教育、科学和文化组织大会通过《世界人类基因组与人权宣言》,强调"违背人的尊严的一些做法,比如以克隆技术繁殖人,是不能允许的"。

1000只老鼠成了他的实验品。"过去我从它们身上取出了一些皮肤细胞,用一种病毒感染它们,病毒里提前植入了一些精挑细选的基因,你猜结果怎样?皮肤细胞真的逆转成了全能干细胞的状态!它们也可以分裂成你想要的任何细胞。"一次又一次尝试,201先生的这个细胞炼金术都奏效了。

"那么,是那些基因让老鼠的细胞变成全能细胞的吗?"

"说对了,但是要把这些有用的基因挑选出来足足花费了整整10年!因为人类的基因组包含了几万个基因,你根本不知道究竟有没有、有多少基因能够帮上忙,实现这种逆转的功能。事实上,最后发现只有区区4个,这就和大海捞针差不多。"

"不过这只是老鼠的好运,我可不喜欢那些丑东西。"星星撇了撇嘴。

"别那么嫌弃,老鼠和人类可是共享85%的基因的。事实可以说话。我们接着尝试了一位36岁女性的表皮细胞,一位69岁男性的结缔组织细胞,同样大获成功,大约每5000个细胞就能制造出1个这样的胚胎干细胞系统。是时候公布于世了。后来我们还有了临床病人,尝试用这种技术来治疗她的眼疾。"

听到可以治疗眼病,星星立刻兴奋不已地搓起小手:"啊,你们是怎么做的呢?"

"取下这个病人皮肤上的一些细胞,用刚才说的办法生成了全能干细胞系统,然后,就和那些通过克隆技术寻找方向的指挥者一样,也在培养皿里诱导它们分化成视网膜细胞,变成薄薄的一片植入了她的眼睛。是不是听起来简单明了?"

"后来她怎么样了呢?"

"很幸运,视力好转了起来,当然,这也符合预期。"接着,201先生又举了一些治疗案例,阿兹海默症、帕金森,但是星星一个字也听不进去。

她只是在想,如果外婆还在,也许可以用逆转的细胞"时钟"治好眼睛。外婆可以再次看看出没于天空的群星,看看昙花在子夜张开白色的翅羽,看看那个活在半导体喇叭里的世界变成了什么样子,看看哥哥在她16岁时送的那块镀金手表——上面的时间也暂停了。外婆还可以再次看看自己,以及那么多双爱她的眼睛。

21. 象的秘密

　　一个年轻男子戴着蛋糕师傅那样的高帽子，向半空挥舞一条长长的竹鞭。伴随着忧伤的鸣叫，从雾的尽头走来。"鲸鱼旅馆"里的人们都站在机翼下，就像约好了似的。星星跟在队伍的后面。生面孔、熟面孔穿梭其间。

　　"它来了。"说话的是那位好久不见的珍珠小姐。

　　"你是说那个叔叔吗？"星星踮起脚。

　　研究圆蛤的那个男人探出了身子，来回摇晃脑袋。"是那头大象。"他说。星星这才看清那头庞然大物铁青色的轮廓。

　　原来年轻男子是一位驯象师。他的父亲从一家破产的动物园买来幼象，组建起这个孤单马戏团。据说在很早的时候，老人和它徘徊在大街上。春天到来，石榴花开之前就会离开。那时大象骑独轮车，用鼻子套圈。人们甚至被准许向它丢面包。

"在这儿,他收不到硬币,稀稀拉拉的掌声都没有。"住在隔壁的那位涡虫爱好者说。

"那他们来这儿做什么呢?"星星问道。

一个戴八角帽的女士钻出了人群,"我让他们来的。我想它已经有 68 岁了。"她捋着几缕调皮地钻出来的发丝,将帽檐拉得更低了。

"放心。一切都是安全的。我只是对它的基因很感兴趣。"她说。

"大象的基因有什么特别的吗?"

星星没看清,人群中是谁在替自己发问。

"八角帽小姐"低声回答:"大象是一种神奇的哺乳动物,它和人类的寿命差不多,得癌症的概率却只有 3%。这就是它的超能力。"

"人类有多大概率呢?"

"至少比大象高了 10 倍。"八角帽小姐说道。

驯象的男子走到了跟前,"你好。我把它带来了。天啊,这儿可太远了。"这人睁着一对圆溜溜的眼睛,抚摸着大象背上的墙垣。它更像一头戴着大象面具的怪兽,长鼻子荡着秋千,粗辫子似的尾巴抽打着空气中看不见的虫蝇。

"要不要将它交给她,她是说要研究什么来着……"他自言自语道。

"它的基因，研究这个能带给我们启发。大象是不应该用来取乐的。"藏在宽边帽檐下的女士接过了竹鞭，折叠起来，将手里一包软绵绵的东西交到了对方手中。

星星跟着八角帽小姐走向草坪。野百合已经枯了，冰晶化成露珠，镶嵌在一大片石楠花编织成的紫色毛毯上。

又是一阵雾的工夫，护送大象来的男子就消失了。外来的人似乎永远这般神出鬼没。

"大象的基因有什么特别的吗？"星星再次向八角帽小姐发问。

"那你得做好准备。"八角帽小姐还是埋着头，不肯露出眼睛。

"什么准备？"

"只要人类活得足够久，患癌的概率是非常大的，2/3的癌症都是因为DNA随机复制错误引起的。"她说，"每次细胞分裂都要复制一遍程序，复制必然会有错误，错误累积到一定程度，就会引发癌变。体型越大的动物，细胞越多，程序也就越复杂，而活得越久，错误累积的概率变大，所以……"她用手掌来来去去地抚摸隆起的象背，"你知道它是有多么独特了。"

"是啊，大象可比我们大得多了，为什么它不容易得癌症呢？"星星眨着双眼。

八角帽小姐没有说话。

"那你是要把它的细胞取出来看看吗？"星星有些担忧地说。

帽檐在女人的脸颊上投下暗影，隐没于其中的目光好像在和星星捉迷藏。"这可不是我要留它在这儿的目的。"她说。

"那是为什么呢？"

"一群人连着解剖了几百头大象的尸体，发现这些大家伙之所以拥有出色的抗癌能力，是因为它的'守卫'基因比较多。"八角帽小姐微微昂头，露出了唇角，"细胞开始分裂前，DNA 安排了一位专司监控的守卫。这个守卫是一种叫作'P53'的蛋白质。对应的 TP53 基因就用来发出制造这种蛋白质的指令。P53 漫游在身体的万花筒中，时刻监视一个细胞是否具备了裂变的条件。通过了考核的细胞将兴致勃勃地演出地球上最伟大的戏法——如何从一化为无穷。但是，也有一些细胞无法从这位守卫这儿顺利拿到通行证。一旦监测到细胞 DNA 已经变异受损，并且未能得到及时的修复，P53 就会拉响警报，逼使它们匆匆离席，进入凋亡的程序。如果 TP53 基因发生突变，不再保持警惕，那些变异的细胞就会侥幸留下来，为癌变蓄势。半数癌症患者都出现了 TP53 基因的突变。不幸的是，人类的基因天生只有两份 TP53 拷贝，似乎注定只能默默祈祷它们不要失灵。"

"大象又有多少呢？"

"40 份。"

"哇！"

那头退休的大象摇摆双耳，似乎也参与了她们的对话。被银灿灿的远山反射的余晖，缓缓修剪着它的轮廓。雾气散尽，仿佛一艘拆除了发动机的巨轮，一小块坠落的陨石。

"那么，你为什么还要买下它留在这里？"星星说。

"在这里它就可以自由生活，不用再卖命表演，博人一笑。聪明的小星星。"晚风没有吹翻帽檐，但她垂落星星肩头的手掌里，露出了一支套着蓝色笔帽的钢笔。

"是你！"星星惊诧地喊道。

"我说过会来找你的。"钢笔小姐微笑地看着她。

"你去哪里了呀？！"

钢笔小姐再度牵起星星的手，笑而不语。

"那我又有一个问题啦……"

"让我来猜猜，"钢笔小姐笑道，"是不是小星星也想要大象的神奇基因？"

22. 基因剪刀手

铁皮制成的客舱梯像晒干的鱼骨，在夕阳的余晖中熠熠发光。"嗨！"一位女士[1]正步态徐徐地从楼梯走下。她的眼尾微微下垂，用一对贝壳做的耳环修饰面部柔美的轮廓，蓬松、随意的刘海堆积在眉毛上方。

"嗨，你来得刚好，小家伙野心大着呢。"钢笔小姐微笑相迎，"我告诉她大象的 TP53 基因拷贝比较多，她就打起了小算盘。"

"如果可以像大象一样有那么多'守卫'，或许外婆就不会……"星星抬起头，脸上写满期待，"能不能把大象的

---

[1] 原型是德国柏林马克斯－普朗克病原学研究室主任埃马纽埃尔·沙尔庞捷（Emmanuelle Charpentier, 1968— ），她和美国科学家詹妮弗·道德纳（Jennifer Doudna, 1964— ）因为发现高效的基因剪辑工具 CRISPR–Cas9 而共享诺贝尔化学奖。

基因加到我们的 DNA 里面呢？"

"这听起来像是科幻小说，甚至来自辛巴达和神灯，对不对？""贝壳小姐"用勾起的食指轻轻敲击星星的脑袋，"但是，是的，你可以编辑自己的 DNA，就像给电脑上的一篇文章添加字符串一样简单。"

"真的吗？"星星大喜过望。

"对啊，要我们自己用分子去堆出这样的机器难如登天，但大自然早已演化出一些本来就支持基因编辑的物质，一般是某种蛋白质。游荡在细胞的汪洋大海里，它本身就是负责修复 DNA 的，一旦发现哪里不对劲，就会自动切断看起来受损的部位，再将剪切的伤口缝合起来。这个修复的过程是来自进化的礼物，所以坚不可摧。"贝壳小姐搂住星星的肩膀，"那么，究竟是哪种蛋白质？又在哪里呢？很幸运，现在我们已经把它们找了出来。"

钢笔小姐翻开蓝丝绒笔记本，以掌为桌，快笔疾书。

"听起来就像是要寻找一把'小剪刀'！"

"没错，这把'小剪刀'就藏在细菌的一种名为'CRISPR'的系统里，你可以忘记这些字母，只要知道它们的某种记忆功能似乎与生俱来，那些曾经入侵过细菌的病毒基因会被它所记忆。当这些病毒卷土重来，它就会挺身而出，一举攻之。而在这个系统中，就有一种叫作'Cas9'的蛋白质。

我很不乐意再给你一串字母，所以你只要记住这个蛋白质会像'小剪刀'那样，负责将指定的 DNA 部位剪开就好了。"

钢笔小姐停笔道："当你想在人类 DNA 里头增减序列，也就是利用这把'小剪刀'，来完成 DNA 这部电影的剪辑，小星星。"

"一个像你这么大的孩子，也可以使用这套'CRISPR–Cas9'工具轻而易举地改变细胞中的 DNA 序列。它很容易做到，只需要支付四五百元，就可以从网上订购试剂，并在一两周内获得基因组被剪辑、修饰过的细胞了。"贝壳小姐绣球花似的头发随风飘荡，"我们先用一种人体内的物质找到要剪辑的位置，再用 Cas9 这把剪刀进行切割，最后将那些被切割过 DNA 的细胞培养起来，就可以了。"

"那么，就像大象那样，我们也可以多在细胞里添加几个'守卫'对不对？"

晚风选择了用轻柔的低语来回答。贝壳小姐低头捋了捋刘海。她仰着面，仿佛在接受黄昏的祝福。

钢笔小姐将笔帽拧紧，向星星递来了一段文字。星星逐字看去：

　　任何对自然充满敬畏的人，都会震慑于它的绝对威严和最高智能。如果进化没有提供这份恩赐，是否意味着人为操纵生命过于莽撞和乐观了？蚁群般闪耀于夜幕的繁星，没有一颗能被我们轻易地搬走，唯有自然的意志才可以结束它的表演。

究竟编辑后的DNA会带来什么长远的改变，或许答案还藏在黑盒子里。每个人必须谨慎为之。

23. 转基因生物

告别贝壳小姐，星星忍不住深吸一口气，仰着头望向苍穹，暗中揣摩钢笔小姐如诗的言语。一片被余晖浸润的蔚蓝，正透露出无限平静。

"想什么呢，不如再带你去见一个人吧。"钢笔小姐不由分说地牵起星星的手，朝着白崖的方向走去。"鲸鱼旅馆"越来越远，氤氲闪烁的霓虹就像一颗浸没在水里的泡腾片。而天空和大地的界限变得分明，像一大张白纸对折出的痕迹。

走到白崖附近，隐约看到一座小屋，一条眼熟的小狗跑出来，向她们伸出软刷一样的舌头。星星蹲下身，将它抱在怀里，它看上去既像是绿斗篷小姐的"托盘"，又像陪她一起在帐篷里观看分子魔术的小狗；一晃眼，似乎又成了外婆驯养过的那条比格犬。

"洛基，洛基！"一个戴着夸张的金色耳环、涂了闪亮眼影的女人追了上来，星星松开手，才明白它是这位时髦女士的宠物。"天快黑了！"她气喘吁吁地说。借着淡弱的天光，星星看到她的毛衣上写着"沃尔玛"[1]字样。

"你一个人在这里吗？"钢笔小姐环顾四周。看来，"眼影小姐"还不是她要带星星去见的人。

"多出来跑动跑动，对我来说是好事，"眼影小姐是个大嗓门，"从 3 个月大开始，我就经常、反复被闪电击中。"

星星咬着下唇，困惑地看着她。

"这是个比喻，我总是感到剧痛，更多时候只能缩成一团，除了哭泣什么都做不了。它们说我的红细胞有遗传性疾病，这些原本应该负责氧气搬运的小东西，不像你们拥有的那样饱满、圆润，我体内的它们是镰刀形状的。它们白白待在身体里，什么都干不成。"

"但你现在看起来很好啊。"星星说。

"直到有一天，医生们去除了我的骨髓细胞，用 CRISPR 编辑了这些细胞中的一个基因，听说这帮忙产生一种新的红细胞，胎儿们就用这种红细胞从妈妈那儿获得

---

[1] 原型是世界上第一位接受 CRISPR-Cas9 基因剪辑的人，维多利亚·格雷（Victoria Gray），手术后她的并发症消失。截至 2022 年 1 月，没有出现关于她健康恶化的新闻。

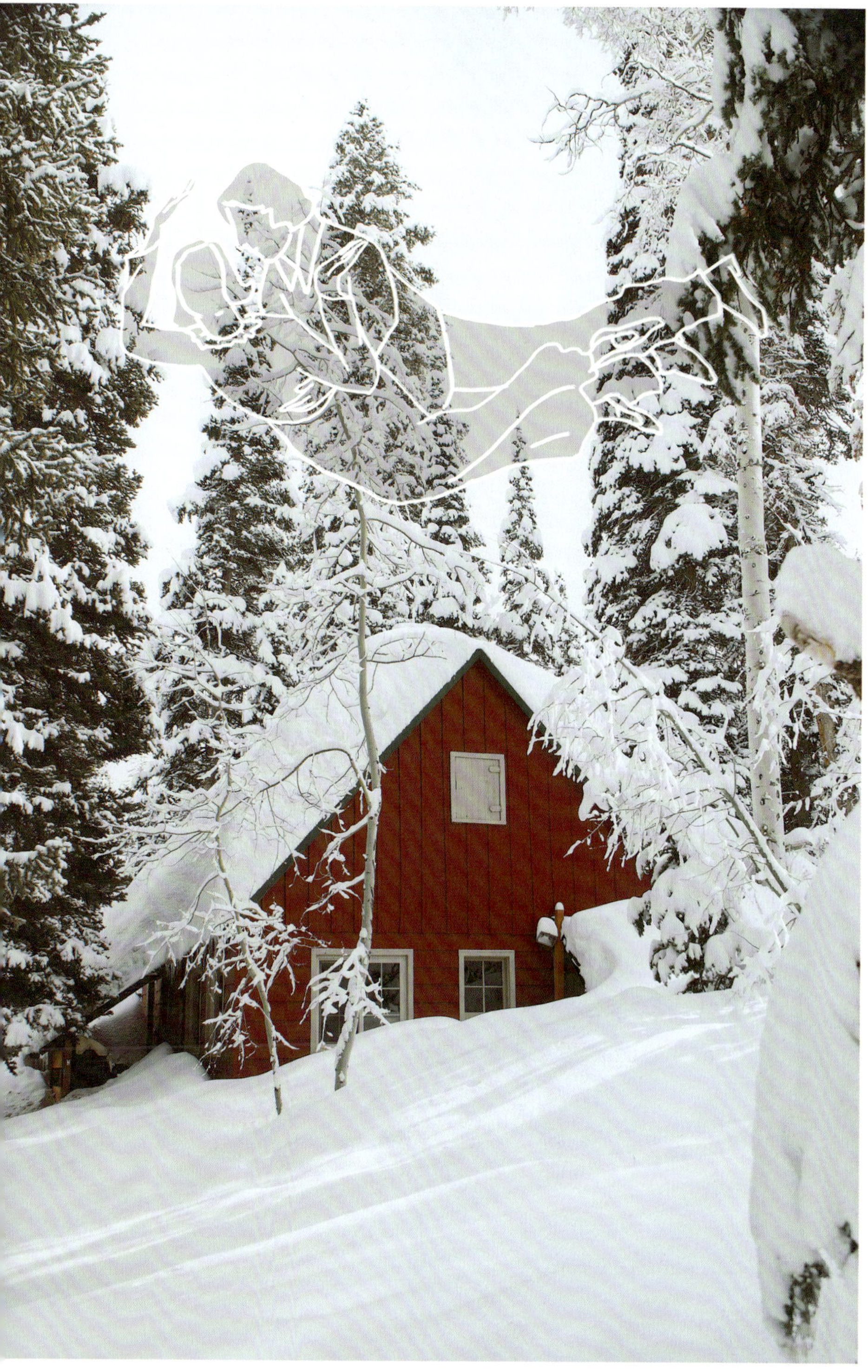

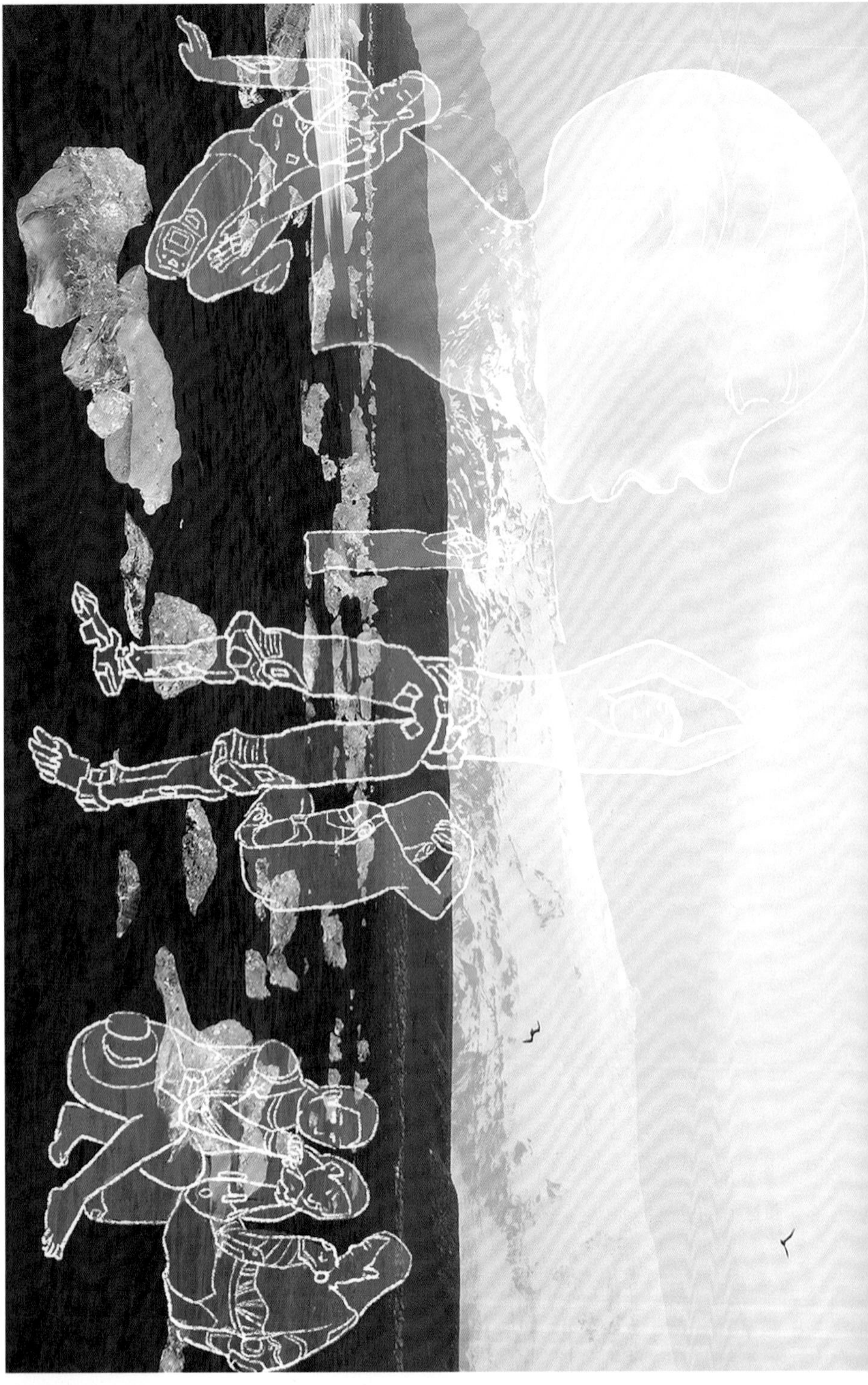

氧气。你敢相信吗？20亿个经过编辑的细胞被装在一个巨大的注射器中，重新回到了身体里。就这样，我成了一个转基因生物。"她摇头晃脑，耳环打起了秋千。

"为你的勇气喝彩。你看起来真的很健康。"钢笔小姐竖起大拇指。

"噩梦般的夜晚，毁灭性的疼痛和疲劳都成了过去时。现在我得给孩子们烘焙曲奇饼去了。"牵着小狗洛基，眼影小姐转身回到了屋里。

星星她们也出发了，据说海边还有一个神秘人，"那现在可以把大象的基因添加到我们身体里吗？那样就不容易得病了。"

"看来你很执着这件事，好吧，让我告诉你，在技术上，对单颗细胞这么做是不难的。你可以在细胞外将 TP53 基因扩增成几十份拷贝，正如亿万年的演化带给大象的礼物一样，将它们连成一串，在合适的位置编入人体的基因组。这就像剪辑一段视频那样容易。"久违的夜幕柔软地垂挂在钢笔小姐的周围，"问题是你的身体里有 40 万亿个等待编辑的细胞呢，一一操作是天方夜谭，所以只能对受精卵进行基因编辑，躺在温暖的子宫里，我们都曾是单颗细胞。在这个阶段下手才是最可行的。"

星星若有所思地说:"那么,谁能够得到这份幸运呢?"

"好问题!这正是我要说的,谁有权决定谁该被赋予更加长寿、优势的基因呢?挥舞起基因剪刀之前,我们必须先回答这个问题:谁才有资格扮演这样一位尘世中的上帝呢?"绕过白崖,来到海边,月光柔软地洒在钢笔小姐的帽檐上。大海中漂浮的星图清晰可辨。

在礁石上坐下来,星星说:"我突然发现一个问题。"

"又是什么问题?"

"如果有两个还没出生的宝宝,富爸爸给自己的那一个添加了活得更久的基因,穷爸爸没有机会那么做,那是很不公平的。"星星的脸庞也被阔别许久的月色所笼罩,"虽然很想外婆能陪我很久很久,可是别人的外婆在出生的时候就输了,也是不公平的。因为也有很多个像我一样的人在爱着她们呢。"

钢笔小姐凝视星星,宇宙的天籁永恒而和谐。"小星星……星星……"月夜涤荡着另一个熟悉的声音,随着晶莹的波涛越来越近。

24. 记忆信使

星星难以按捺自己激动的心情,朝着那个人影飞奔。软泥溅湿了她的鞋袜,破碎的贝壳和海带在脚下叽叽喳喳。到了跟前,她忽然停了下来。

"你不是外婆,对不对?"她见过这个机器人,不久前,她们就相会在那艘分子潜水艇的遗址。分子机器让这个用类肤材料拼接起来的"外婆"以假乱真。

"小星星,你不认得我了吗?""外婆"向她伸出手。坑坑洼洼的指甲还是像石膏那样脆弱。星星摸来摸去,不确定眼前的人究竟是真是假。

"配上香喷喷的燕麦奶,我给你的饼干一口气能吞5块。你还想要尝尝咖啡和黑巧克力。"她说,"还有'奥利奥',什么都有这条小馋狗的份。"

星星吃惊地看着她。月光在她的眼眸里细细闪烁,那并不是属于外婆的眼睛。可是她说的事却千真万确。

"那块金子做的手表你戴着吗？""外婆"的手伸向星星的手腕。

"还在妈妈那儿……"星星触碰到她的手指，冰冰凉凉，却像铁铸一般。她又犹豫了。

"你真的认不出我了吗？"她将另一只手也伸了过来。

"你真的是外婆吗……还是机器人……"

"还记得上一个夏天，蝈蝈在竹笼里鸣叫……"

"阳光就像一条被子。"星星接话道，"外婆，你真的又回来了吗？我不敢相信……"

"小星星，这就看你觉得什么才是外婆了。"背带裤依然宽松地套在钢笔小姐的身上，就好像一个标记，"意识的，还是物质的。这得由你来决定。"

星星茫无头绪地盯着两个人。

"当一个人缺了一只手，他还是他，对吗？从别人那里移植来一颗心脏，手术结束后，当他睁开眼睛，叫出亲人的名字，他也还是他。但是当他被替换成别人的意识，他将不再是他。所以，如果我们可以保存死者的意识，这也是通向永生的捷径。"

"外婆"在一边抿着嘴笑。她的肌肤还焕发着弹性，微卷的头发黑白参差。

"如何保存呢？"

"还得一点一点说起。有人将兔子的大脑从零下135摄氏度的冰箱里取了出来。[1] 此前他使用一种防腐剂快速地固化了兔子大脑的突触[2]，并且灌注了冷冻保护剂——这套流程你应该还记得——他将兔子的大脑变成了玻璃般的物质。而在取出大脑的时候，他发现每一个突触都被完美地保存了下来。"钢笔小姐说，"他想到了一个办法，我们可以在弥留之际的人体上连一台心肺仪器，将冷冻保护剂从颈动脉不断泵入这个人的身体。他的生物信息将会死去，但大脑突触所构建的意识世界，却会被完好地封存下来。"

星星突然想到了什么，大喊道："我明白了！"

她转向"外婆"，扶起她柔软而又异样光滑的双臂，"他们将外婆的意识放到了你的大脑里，是不是！"

"你只说对了一半。"钢笔小姐笑着接过星星的手，"记忆的信息确实可以被数字化地复制下来。你不是问我前些日子去了哪里？我就是去干这件事。现在，它们像软件那样植入了这个机器人的芯片，不过，这些记忆并不是保存在外婆大脑的突触里，而是封印在别的地方。"

---

[1] 2019年，麻省理工大学毕业生罗伯特·麦金太尔（Robert Mc Intyre）的团队完成了这个实验。

[2] 两个神经元之间相互的接点，并借以传递信息的部位。

"原来那几天你是去找外婆的记忆了……你说别的地方？到底是哪里呢？"

钢笔小姐伸手指向了星星起伏的胸膛。星星看着她，试着将手指伸向衣袋，触摸到那块天鹅绒手帕。

"DNA？你是说，记忆保存在外婆的DNA里？你是悄悄取走了一些头发？"星星惊诧地看着"外婆"，"外婆"也出神地望着她，又像穿过了她，用目光抚弄着海浪迷人的波弦。

"我是想给你一个惊喜，小星星。"带着微笑，钢笔小姐说，"有人做了一个盒子，和火柴盒差不多大。左半边是用有机玻璃做的，通体透明；右半边是薄木片做的，一片漆黑。盒子的主人放入了几只涡虫。这些天性畏光的小家伙选择躲进了火柴盒的右半边。"[1]

"涡虫，我知道，207先生就养过它们。"

"没错！"钢笔小姐说，"我们继续回到实验，接着他在透明盒子的半边放了些面包屑，躲在黑暗中的涡虫饥饿难耐，爬过去抓取食物，又迅速躲回了漆黑的角落里。反

---

[1] 该实验由加州大学洛杉矶分校的神经生物学家詹姆斯·麦康奈尔（James Vernon Mc Connell, 1925—1990）主持，为了增加趣味性和易读性，在此进行了稍许改写。关于"记忆DNA"的说法也由他提出，尽管目前尚未成为学界公理，由于概念有趣，我尝试运用于此处并做了一些科幻化的处理。

复多次后，这些虫子不再害怕光线了，它们似乎记住了光照下的礼物，即便有时食物并不在那里。后来，他用一片剃须刀轻轻切开了一只涡虫。虫子变成了两只。"温润的月光为钢笔小姐和"外婆"双双勾上了银边。

"他又做了一只新盒子。这次全部是用薄木片做的，顶部带一个可以抽动的翻盖，当盖子放下来，盒子里的几只涡虫就沉没在了黑暗之中。这次他在一个固定位置放上了面包屑，每天虫子们都会爬过去吃。过了几天，他打开翻盖，在这个位置打上了一束强光。按理说，虫子会因为怕光的天性不爬过去，但是你猜怎么样？"

"爬过去了吗？"

"是的，虫子还是爬了过去，说明它们真的记住了这个位置。就在启动再生程序后，涡虫的记忆也被克隆了。所以记忆也许并不保存在大脑里，而是很可能驻留在神经细胞的细胞核中，DNA 就在那里形成生命过程的指令。至于大脑的突触，只不过是激活和读取记忆的工具。它们其实是没有眼睛的钢琴手，DNA 指挥它们弹下李斯特的《时钟》或是肖邦的《夜曲》。所以小星星，"钢笔小姐的眼睛晶莹点点，也盛满了繁星抛入尘世的碎屑，"外婆的记忆是永远不会走失的，它将一直伴随基因的旅程，与永恒为伍。"

群星正式爬上了银河的沙堤，星星紧紧握住"外婆"

的手。在这个阔别已久的夜晚,她真的回来了。

※ ※ ※

"太阳明天照常升起",是诗人对尘世的心灵按摩,是让所有陷于泥淖的人们熬过漫漫子夜的安慰,却也将我们——看似这颗星球的主宰者——卷入一种亘古未改的悲伤:和天空中那些传递宇宙意志的信使相比,生命显得如此短促和速朽。

假设我们将地球有史迄今的时间压缩成一年,尽管微生物在早春时节已经苏醒在海底炙热的涌泉,要到凛冬的第三个星期,面目狰狞的简单鱼类才出现;人类先祖则现身于除夕前后的孤独原野,而文明人类只不过占据了地球史诗的最后一分钟而已。

人类所有前进的脚步都显得蹒跚而疲惫,拼尽全力却仅仅是在地球时钟上多增了淡淡的一道划痕。另一个事实则让这个前提更添悲情:1000亿个曾经存在过的人类,不得不共享这须臾。

匆忙走出非洲的智人部落,在加利利湖畔传道收徒的耶稣,辩论河中之鱼快乐与否的庄子和惠子,提笔为刀痛击人性的鲁迅，渴望飞跃重山的怀特兄弟，在污泥浊水的战壕中丧生的无名残兵，第一个亲吻月球环形山的阿姆斯特朗，切尔诺贝利丧钟之下的核泄漏幸存者，都被拥挤地收录在这部地球纪录片的尾声里。

而不论是那些凤毛麟角的青史留名者，还是在时光之火中无声无息湮灭的芸芸众生，每一个人类个体又被迫臣服于一己肉身的脆弱无常。

始皇帝没能等到寻仙访道的使团归来，死神照常造访了流放圣赫勒拿岛的拿破仑。时间是所有人的十字架。当我们日复一日地弯腰捡起那些破碎的纸片，想要勉力完成一张人生的拼图，一阵风拂过，便能轻而易举地将一切吹散。到了那个时候，再乐观的人也不得不承认，死亡就是见证虚无的时刻。

而早一些认识死亡，才能真正珍惜生命之旅。我很感恩，外婆燃烧了自己的生命，给了我这样的契机。

让我有机会认识不朽的信号——基因。我们的身上至今隐藏着一座基因的遗产公园。生物学家称之为遗迹器官。庞贝废墟现在展出的石雕、陶片，以及被密封在火山灰中仓促死去的灾民，都是罗马时代的史记。

尽管早已褪去肌肤表面毛发的丛林，原始人用来威慑其他野兽的竖立汗毛，如今还以鸡皮疙瘩的形式出现在你对抗恐惧寒冷，甚至被叶芝的某个诗句深深震撼的瞬息；你内眼角的那块粉红色小肉就是鱼类和两栖动物用来保护眼睛的瞬膜的残迹；偶尔隐隐作痛的阑尾是你曾经食草的证据，而可以清晰触摸到的尾骨，则提醒你自己就是那些爬行在树端的哺乳动物的后裔。

那只被同类消灭的古猿，那个溃于战乱的败卒，都通过这些信号的传承继续存活于世。第一个人类甚至还没有死去。无论你是谁，都将在这个意义上永生。

也让我有机会了解原子生命的永恒。在火焰的洗礼中，外婆生物体中的多数物质都化作轻烟，这些原子挣脱了生命形式的牢笼，乘着风的翅膀，在气流的导航下，自由去往世界的任意角落。只要我昂首挥手，便能轻而易举地和它们道别。

随后，这几十万亿个原子被重新写入世界的编年史，参与编织天空的蓝色衣衫，沉积于树上的年轮，在经历一次次海枯石烂后，也许会巧合地被宇宙射线捕获，化身为另一颗恒星存亡的丰碑。

种种试图对抗死神的冲动与其说是在重新定义死亡，更确切地说，是在带给我们重新审视生命的反思：到底是什么证明我们还活着？你的身体存在和心灵存在，究竟哪个更贴近"生"的定义？

如果你像我一样，也认为是后者，那么也许不久的将来，你就能比那些伟人更加幸运。这些人虽然享有名垂青史的特权，但无法逃过自身意识的死亡。你无法让两千年前的苏格拉底的意识对现在的世界做出解释。当他的肉身死亡，自己的意识便灰飞烟灭。而你的意识很可能会以数字的形式存留下来，等待着某一天被科技唤醒。请允许我让一位机器人提前成为这样的意识生命体。这不是存在于星星世界里的童话，而正是来自那并不遥远的未来的钟声。

(四)亿亿万万个外婆

量子计算：概率世界的迷宫

本单元由腾讯量子实验室张胜誉审读。

张胜誉，腾讯杰出科学家，腾讯量子实验室负责人。博士毕业于普林斯顿大学计算机系，师从 2000 年图灵奖得主姚期智。

我一直在想，这场意义非凡的旅行到底会在何处结束。最后我走到了南半球，看到南十字星湿漉漉地垂挂于南天。一颗橙色的火流星划过，擦亮了夜空中孤独的火种。

第二天，我和几个互不相识的人结伴穿过卡塔丘塔附近的一片沙漠。越野车在一成不变的沙径上疾驰。司机将窗帘摇下来，用以阻挡滚滚热雾。车上的人都昏昏欲睡。我坐在最后一排，透过缝隙，打量窗外朦朦胧胧的景象：由光线勾勒出的这片沙漠的腹心地带。

晌午时分，一道明亮而狭长的反光镶嵌在地平线上，像是谁在那里丢弃了一张巨大的玻璃糖纸。它仿佛正在无穷无尽地延展，几座乳房形状的沙丘点缀其上。这幅颤动的画面可能来自一面平坦如镜的湖泊，我不禁赞叹大自然的手笔。

"伙计们都醒醒，往右窗看，那是什么？"司机操着浓重的澳洲口音，抑扬顿挫地喊道。

"一片绿洲！"一个美国人抢话。其他人也像我一样，猜测那很可能是一面沙湖。

"这儿可没湖，我一周都要开上好几回，相信我，这儿什么都没有。"

"所以是海市蜃楼吗？"有人大声问。

"说得没错，你们看到的湖不在那儿，你们看到的也不是湖。"踩下刹车，司机将车停到了矮灌木丛边。

这是我第一次见到真正的海市蜃楼。原来那片看起来真切的水光只是一种光学上的偶然。"湖心"耸立的"岛礁"也在别处，只是在此时此地落入了我的眼底。

很显然，我们看到的一切都是拜"光"所赐。光子抵达了什么，反射了什么，我们便看见什么。常识似乎有助于我轻而易举地弄清楚那到底是一幅什么样的奇观：烈日炙烤下，沙漠表面的气层急剧升温，比上方的气层热得多；炽热地带，空气的微粒总会排列得更加疏松，为了散热似的。当光子逃离太阳的熔炉，穿过密度均匀的物质时，就会沿着直线的形态行进，方向始终如一，所以它通常反射摆在眼前的物体表面的光，我们才总是能够看到视野前方的景象……

而当沙漠的表面和上空已被热魔切割成空气密度不同的两个空间，试图穿越的光子转了个弯，被别处物体的表面阻挡，悻悻而归，于是被它显影的物体并不真的列阵于眼前，而是一种来自别处的错觉……

这是一个多么顺理成章的解释！过去的书本和直觉都是这么告诉我的。直到有一天，我认识了一位叫休·埃弗里特三世（Hugh Everett III，1930—1982）的量子物理学家。

这个生吃汉堡、一天抽三包烟、像鱼一样豪饮[1]的独行侠，虽然没能打理好个人健康，却为世人留下了关于平行世界的学术遗产。

按照他的看法，光子朝着任何方向移动所照亮的世界皆同时、同等存在。当我们试图去看的刹那，已经分裂出无数个世界，包含蜃景的世界只是其中一个。光子的真实旅行路径就是所有可能性的合集。

休·埃弗里特三世怪诞不羁的观点引发了流行文化的狂欢，但他本人其实拿到了普林斯顿大学物理学博士的正经学位，毕业后一直在五角大楼研究核武器。

外婆离开后的日子里，我比以往任何时刻都更渴望触碰那幅永不眠休的太空图景。我迫不及待地想要确认自己在哪里活过，又将眠梦于何乡——即便这种新的学

---

[1] Drink like a fish，谚语，指大口呼吸氧气似的喝酒。

习和发现有些舍近求远，因为它让世界的组织方式重新变得混沌。

我花了很长时间才消化量子力学所揭示的世界的真相。光子电子都是量子家族的成员[1]，我们一直误解了光子在气层中运动的路径，也误解了这个看似客观的世界被显影的真正的方式。也就是说，以上关于海市蜃楼的传统解释其实是错的。

我知道，你很可能已经陷入了一片认知的困境。因为你在天空中可以看到乌云，判断很快会有一场降雨；在月亮上捕捉到晕影，知道第二天可能会刮风。这些蛛丝马迹会让你推理出世界的脉络，你却没有办法剖开一只苹果，看到一个活跃着量子的横截面。

我们对于那个位于底层的微小世界一无所知，而它们的表现也将完全背叛直觉。当你有勇气进入这片神秘地带，你的至爱之人不是可能复活，而是尚未逝去。他们继续欢笑、流泪，拥有和失去爱，日常地存在于一个此在的你无法触及的世界。

1　量子一词来自拉丁语 quantum，意为"有多少"，代表"相当数量的某物质"。在物理学中用到的量子概念指的是一个不可分割的基本个体，例如"光的量子"是光的单位。

作为一个彻头彻尾的无神论者，休·埃弗里特三世最终吩咐家人将他的遗体丢入垃圾桶，而他的女儿也在临终前提出了相同的要求，理由是"以便在合适的平行世界再次与父亲相会"。

1. 三条腿的鸟

星星很久没有坠入这么香甜的梦乡。这个梦一路追随她：小镇的半空悬着一个不明飞行物，人们仰面，提着装满了曲奇饼干的竹篮。飞行物就像一轮满月，唤起了星空之湖的潮汐。人们指着那些蒲公英一般的光点，悄声交谈。

"有了！"第一个人嚷了起来。星星看到一条宽大的光梯沿着飞行物的底部延伸下来。她激动得直打哆嗦，朝那两个戴着透明头盔的人大声呼喊："爸爸！妈妈！"

看起来他们一点也没老。

星星揉揉眼睛，自己屈膝仰卧在轻风拂面的海滩上，风暖暖的，伸出了春天的触角。她用手腕紧紧贴着耳垂。月亮正准备撤走最后一层轻纱，她知道，呢喃软语的潮汐即将送来太阳。钢笔小姐也刚好醒来。顷刻之间，脸庞便被霞光点亮。

"我是不是可以回家啦?"星星脱下外套,拍拍裤腿。沙子扑簌簌落下。

"稍等,"钢笔小姐松开环抱膝盖的双手,看了看手表的指针,"现在是早上六点钟。小星星,我保证,明天这个时候,你已经在家里了。"

星星一跃而起,对着海面一阵欢呼。明媚的晨光调制着天空的油彩,仿佛望得久一点,一条船就会被白色细浪牵引过来。过了一会儿,星星再次揉揉眼睛,真的有什么东西正被海潮越推越近。

"喂!"星星冲着逐浪而来的白点嚷叫。对方也传来了"嗨!"的一声回音。

直到到了跟前,星星才发现那竟然是乌鸦先生[1]和一只驮着他飞行的白色大鸟。乌鸦先生依然一身黑色商务西装,就像在小镇山坡那栋湖蓝色的木屋里初见时的模样。

"好久不见!"乌鸦先生挺挺身子,从鸟背上下来,笑容满面地说。

"你怎么会在这儿啊?你的坐骑真酷,竟然有鸟这

---

1 《外婆去了星星上》出现过的约翰·惠勒教授。本章引言中提到的休·埃弗里特三世正是他的学生。20世纪七八十年代,惠勒也对多世界的理论颇为推崇。

么大。"

"瞧,我早就说过,没有什么是不可能的。"他生动地扬起了眉梢。

"你就是骑着它来的吗?这到底是个什么东西?"星星问道。那只体形巨大的怪鸟昂着脑袋,伸了伸脖子,对她的话不屑一顾似的。

"乌鸦啊,你看不出来吗?我不是说过,我驯养了一只乌鸦?"

钢笔小姐扑哧笑出声来。

星星睁圆了眼睛,"怎么可能是乌鸦?乌鸦是黑色的啊,它怎么白白的……"她围着怪鸟转圈,"一点儿黑色都没有,它还这么大,你说像个飞机还差不多。不过,又没飞机那么大。天哪,它怎么还有三条腿!"[1]

乌鸦先生深深地望着星星说:"我早就说过的,没有什么是不可能的。"

三条腿的白色乌鸦闪动着机翼一般的翅羽,像是刚刚沐浴完毕。赤色的眼珠骨碌碌打转,把星星看了个透。

"要不要试试我的坐骑。上去吧,待会儿见!"乌鸦立刻垂下头,蜷着三条腿,稳稳栖停在满是贝壳的沙滩上。

---

[1] 参考了《山海经》三足乌的形象。三足乌来自太阳。星星来到小镇世界是借助一只黑乌鸦,屋顶旅行遇到了白乌鸦,白与黑在此隐喻白洞与黑洞。

"来吧,小星星,你还有24个小时!"钢笔小姐坐了上去,摸了摸怪鸟的脊背,对星星伸出了手掌。

乌鸦摇曳着自己美丽的曲线。春风低吟浅唱,卷来阵阵芳香。下面的山峦就像用纸折叠出来的,泛着淡蓝色的光,尖耸、连绵而又脆弱得不真实。星星被温柔地环抱着,脖子后头暖煦煦的气息丝丝拂过。

鸟儿将她们带到了一片樟子松林,"啊啊"唤了几声,开始了低空盘旋。

"很多年前,也是一个早春,不知哪里刮来了一团火星,燎起了山岗上的一场山火,烧了足足28天。乘着落山风,火魔差点吞噬附近的小镇。只有这片树林留了下来。"钢笔小姐轻柔地扶着星星的胳臂。原来她们已经回到小镇的郊外了。此时的小镇看上去就像一座盆景。

"你看那儿!"钢笔小姐指向下方。两个小圆点似的人影,正沿着森林的木栈道慢慢移动。星星想起来,许多喜欢冥想的人都喜爱在林中散步。她们开始下降,两条林中路越变越粗,也越来越宽。

"认不出来吗?"钢笔小姐又说。

星星摇了摇头。

"再仔细看看?"

"好像是……那个好像是乌鸦先生？天知道他竟然跑得这么快！"她终于认了出来，"另一个是谁啊，我就不认识了。"

"乌鸦先生的好友兼同事。[1]"钢笔小姐的声音从背后传来，"刚刚，就是几秒钟前，你看见他们是从哪儿走过来的？"

"不就是那条栈道吗？"

"左边的那条，对不对？他们出现在那里，就不可能同时出现在右边的栈道上了。"

这是理所当然的。星星点了点头。

"现在你随我一起想象，如果是一颗小小的光子，从太阳的心脏出发，向着地球飞来，会怎么旅行呢？"

"我好像不是很明白你在问什么呢……"星星侧了侧脑袋。

"没关系，我们慢慢来，小星星，你足够聪明。"乌鸦的背脊微微地起伏，星星觉得就像在平静的海面上漂浮。她们又上升了。

1　原型是美国理论物理学家理查德·菲利普斯·费曼（Richard Phillips Feynman，1918—1988），著名的量子物理学家，因对量子电动力学的贡献而获得诺贝尔物理学奖。惠勒是他在普林斯顿大学时期的导师兼好友。

2. 不确定的旅行

"光子是从哪里来的,这个你知道吧?"钢笔小姐紧紧箍着星星的胳膊,钻进了胖乎乎的云朵。这里并没有什么东西在燃烧,一切湿漉漉、冷冰冰。

星星点点头,又摇了摇头,"你刚刚才说,是从太阳那儿来的……"

"那就先说从太阳来的光子吧,小星星,这是你最熟悉的。太阳的核心一直在熊熊地燃烧,这个大火炉产生了巨大能量,如果将能量切割成最小的一份,就是光子。每时每刻,很多很多的光子从太阳那里逃了出来,向着宇宙的各个角落飞行,其中有一些光子就来到了我们的地球。"钢笔小姐娓娓道来。

这只带羽毛的飞行器已经勇敢地突破了云朵的重围。

她接着说:"如果这些光子碰到了山,山的表面就会将一些光子弹出去；碰到海，海的表面也会将一些光子弹射出去。有时候，山反射的光子碰到了我们的眼睛，眼睛上有一层膜，布满了粗粗细细很多很多神经，视网膜吸收到光子的时候，大脑就会收到信号，告诉你这些光子在旅行中碰到过的山的表面是什么样子的，这就是山被光线点亮、你觉得自己'看见'了山的原因。如果海反射的光子碰到眼睛，你就会觉得自己'看见'了大海。一部分光子也可能被你的眼睛弹了出去，重新触碰到更多的山和海。所以你'看见'世界的过程，就像是这些小东西在宇宙琴弦上叮叮、咚咚的一阵奏鸣。"

白昼拉开的帷幔上，重新雀跃五彩缤纷的光点。钻出了一大片云层，下面的屋顶有如波浪般涌现出来。

"难怪站在沙滩上，看不见大海深处藏着什么；像现在这样飞在空中，也看不到谁住在下头那些屋子里。"星星恍然大悟，"原来是因为光子还没钻到里层，就被各种东西的外壳弹出去啦！"

"是的，是的，好啦，现在再回到我的问题，想象一下，如果有一颗小小的光子从太阳出发了，最后碰到了你的眼球，这个过程中它是怎么旅行的呢？是沿着一条计划好的路线，就像刚刚那两个人提前选好了一条栈道那样吗？"

"应该是的，我想光子也是很聪明的。"出来这么久，星星开始明白一个贝壳、一只小虫子也包含了很多智慧。她对自己的这个答案很满意。

"你一定会认为光子也像他们一样，选择了其中一条林中的小路，沿某条固定的路线来完成这次旅行吧？"

"是呀。"

"当光子选择了一种路线，便不可能同时出现在另一条路线上，是不是？"

星星再次点头确认，"这样肯定没错吧？"

钢笔小姐却意味深长地说："那么，你觉得光子是选择了哪条路呢？"

星星认真地想了想：看不到山背后的东西，说明背后的光子不能翻过山，继而朝向自己飞过来……

"我看不到屋子里的人，屋子里的人也看不到我，说明这些小东西不会拐弯跨过障碍物呢。"她说。

钢笔小姐在背后抚摩了一下她的脑袋，说道："说得很好，所以你是不是想说，光子在空气中只能选择沿着直线旅行？"

"啊，对，肯定是这样！阳光只能沿着直线来旅行！"

三足乌鸦哼着嗯嗯呀呀的曲调，像是也在同意这种说法。

"但是小星星,你的想法错啦,空气中的光子不仅会转弯,还会自由自在地旋转呢!事实上,它们无时无刻不在这么做。"

乌鸦哼哼唧唧,红着眼睛,舒展双翅,缓慢地滑翔。

"如果光子也会爬山的话,为什么我看不见山背后的样子呢?"星星难以置信地说。

"理论上,你是有可能看见的,我知道这听起来有点不可思议,你觉得自己看不见,其实只是因为它能被你看见的概率实在是太低了。小星星。"

"但是你要怎么证明呢?"星星想来想去,嘟起了嘴,"怎么证明阳光不单单是沿着直线旅行呢?它们在空气里怎么玩耍,你又是怎么知道的呢?还有你刚才说的,光子也可以从别的地方来,又是怎么回事呢?"

"你的问题一直都是这么多。现在就带你去追那两个人吧。"乘着肥皂泡一样的气流旋涡,她们又开始缓缓下降了。

3. 粒子的涟漪

"嗨！"一个人扬起一头罗曼蒂克的中长卷发，挥舞着挽起袖管的手臂，神采奕奕地注视着她们徐徐降落。身边的乌鸦先生看起来平静得多。

"我已经为你想好了一个名字，你可以叫他'打鼓先生'[1]，怎么样？"乌鸦先生一边梳理着坐骑的羽毛，一边对星星说。

"打鼓先生？你是个音乐家吗？"

一件过分宽大的夹克衫、一条塞得下两个人的西装裤，遮掩着对方瘦高的身材。他恶作剧般地狡黠一笑，说道："请叫我宇宙和弦的击打者，小姐。"

星星很开心自己也获得了"小姐"的称号。长大好像就在不知不觉中发生了。

---

1 费曼酷爱演奏邦戈鼓。

"好的,'宇宙鼓点先生',你们刚才是从那条道上走过来的。是吗?"

乌鸦先生抢先点头。

"如果有人这么提问,我可不敢轻易回答,简单到过分的问题到头来往往会很棘手。"宇宙鼓点先生交叉握住双拳,与星星四目相接。

星星扭头去看钢笔小姐。

"好吧,两位先生,我正在给她解释光子的运动,通常人们会倾向于认为,一颗光子从太阳飞向地球是选定了一条路径,要不左边,要不右边……"

"原来是这番苦心。"宇宙鼓点先生竖起一根食指,像跟着音乐伴奏那样,在半空来回摇摆,"光子的表现总是超出所有人的预期。不过,我觉得很有必要补充介绍一下,这些来自太阳核心的'信使'到底是什么东西。它们日复一日地在空间中漫游,辛勤地传递着来自宇宙的讯息,但在很长时间里,我们甚至不完全认识它。你们有没有异议?"

"当然没有。我也认为这很有必要,我们散步时总会事先选好一条道,光子则不然。要想理解这一点,不得不从头说起。"在三条腿的怪鸟带领下,乌鸦先生也向着前方慢慢踱起步来。

宇宙鼓点先生开始了自己的长篇大论："牛顿始终相信光子就是一种体积很小很小的粒子，聚在一起，形成光束，但同时代也有一些科学家认为事情没那么简单。就像我说的，太显而易见的结论通常并不可靠。他们始终怀疑光子其实还是一种类似涟漪的波。可惜，除非光子能够拿出证据证明自己，不然就像那些古代人对于原子的直觉一样，这种结论也只能是一种假想而已。"

星星插话道："光子肯定是颗粒，所有物质都是原子组成的嘛，原子就是一种颗粒。"

"看吧，人们对光的基本存在不够了解，还经常自信满满。小姑娘，光子可不是原子，它和原子里头的电子、质子才是一个量级的东西。"宇宙鼓点先生说，"说回光子是什么形态。1801年，有个天才终于找到了光子是什么的证据[1]。此人2岁时就学会了阅读，4岁就能将英文佳作与拉丁文诗歌背得滚瓜烂熟。9岁时，他已经开始动手制造一些物理仪器，并且学会了微积分和制作显微镜、望远镜，到了14岁，甚至直接跑去了剑桥大学代课，教的是希腊文。这一年，他28岁了。"

"听起来更像是个语文老师……"星星好奇地望向宇宙

---

[1] 指英国物理学家、光的波动说的奠基人之一托马斯·杨（Thomas Young，1773—1829）。1801年，杨做了物理学历史上著名的双缝干涉实验，证明了光是一种波，而当时牛顿的微粒说已经统治100多年。

鼓点先生，脚步则和乌鸦先生一起，跟随着乌鸦慢慢前行。落在最后的是钢笔小姐，她正在蓝色笔记本上边走边写。

"你可以说，科学就是一门语言，一种充满理性逻辑的、用来描述世界规律的另类诗篇。"乌鸦先生在一旁挥手道。

"嘿，你的洞察永远这么大胆。[1] 那位天才先生也有这样的天赋。他弄来了一块不透明的金属板，在中间雕刻了两条平行的狭缝。金属板的正前方摆放了一面投屏。接着，他站在金属板的后方，朝着投屏方向发射了一束激光。"宇宙鼓点先生点头示意，视线转回星星身上，"又到了考验你的时候：如你所说，假设光子是一种颗粒，你觉得投屏上会出现什么花纹？"

"可能是两条亮亮的光带……"星星有些迟疑地说。

"如果是颗粒的话，有些光子应该会从左边狭缝穿过，有些则会穿过右边的狭缝。选了左缝的光子不可能知道有右缝的存在。对吗？这将是两路互不干扰的光子……有没有被绕晕？"

"还好。所以这次，我的判断正确无误喽？"

---

1 费曼和惠勒是量子研究领域的双璧，尽管惠勒看起来行为保守，但他的想象力实则更为飞扬，观点也更激进大胆；相比之下，看起来大胆的费曼则较为谨慎。

"实验很快就能给你结果。投屏上出现的可不是什么光带，而是明暗间错的'斑马纹'。看起来，在某些区域，光子堆积到了一起，形成了亮带；另一些区域的光子遭到驱赶，形成了暗带。这种'斑马纹'正是波所特有的！这足够说明光子在传播的时候其实是一种波。将穿过左缝的光束视作一个波，将穿过右缝的光束视作另一个波，当频率完全相同的两个波相遇，相互干扰，就出现了投屏上的一幕。"

乌鸦先生轻轻咳嗽。三足鸟慵懒地扭摆着头颅。

"这很好理解，如果往湖里同时丢进两块大小完全相同的石子，它们激起的水波涟漪也会彼此干扰啊，有些地方，波的振动幅度叠加了，所以表现出比单个波更强的能量，波纹显得更加强烈；有些地方恰恰相反，两个波的能量恰好抵消，湖面显得更加平静了。"他说。

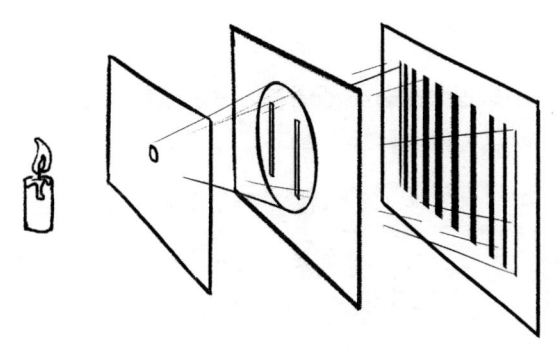

托马斯·杨双缝干涉实验示意图

星星努力回想着那次去乡村的度假。爸爸捡起一些扁扁的瓦片，甩脱手心，它们便像小鸟那样飞掠而去，轻啄湖面，留下缓缓扩散的叹息。

妈妈铺好了蓝色格子的野餐垫。小狗"奥利奥"舔弄着前爪。外婆紧闭双眼，安静地收听不远处知了和青蛙的合奏，几片硕大的旅人蕉为她遮挡太阳……此时星星真的想家了。

"投屏上的亮带就是波峰或波谷叠加在一起的效果，那里积聚了更多的光的能量，所以被照亮了；暗带是由波峰和波谷彼此抵消造成的能量的真空地带。你别走神哦，实验才刚刚开始呢，现在我得多重复几遍，让你多和这几个概念打打交道：光子、双缝、波、干涉条纹……后来的100多年，人们就在这块金属板上发现了光子运动真正的轨迹，结论惊世骇俗。"宇宙鼓点先生将星星的思绪拉回当下。

钢笔小姐追上来，将笔记本递给了星星。

通常你很难想象一颗光子的活动。龙舌兰肥厚的利爪伸向天空挥舞，蜥蜴和毒蛇躲在雨林的迷宫中打盹，五颜六色的鱼类绝望地困在渔猎者的甲板上，人类在稀奇古怪的仪式中大放悲歌，盛有几片落叶的白色瓷碗正在等待橡胶树流下的热泪，离别的恋人气咽声嘶于偎依之间……这是我们看得见的世界。一个遵循经典力学原理运行并被充分观察到的世界。

如果将想象的开关拨弄到极限，天空还将由数面镜子拼接而成，地心是蓝色的，宇宙的掌声停留在哪个角落远远近近地合鸣，而玻璃杯碰在一起发出了梦碎的响声[1]。这是我们想象的世界。一曲存在于意念的诗意之歌。

两者都是我们可以触碰的世界，停留于指尖或浮现于脑际。唯有物质在量子尺度上的奇异表现，对我们而言是完全不可感知的。而接下来的一系列"双缝实验"就是你窥测真相的窄窄的入口之一，认识光子，你才真的认识了世界……

"那么，我们就在屋顶上见？"星星还想继续看下去，只听宇宙鼓点先生对乌鸦先生说道。乌鸦愉快地发出咕哝声响，仿佛在为自己免于驮运四个人而庆幸。

"没问题，"乌鸦先生眯起眼睛，"我知道该在哪里接过接力棒。"

星星再次回到了柔软的羽毛之间。

---

[1] 此处化用了诗人北岛的诗《波兰来客》。

4. 奇异花纹

白色乌鸦的三条细腿依次着陆在一片平直的屋顶上。透过一面三角形天窗,星星看到了下方屋子里的一个长脸男人,头发高高地堆积在额头的后方,也和宇宙鼓点先生一样是个大高个。房间里好像在举行什么仪式。中间摆着一块镀了金属膜的玻璃板,前方有一面荧屏,后方则是一台用电线和铁皮缠绕、组装起来的圆筒装置。[1]

"为什么带我来这儿?这个人又是谁?"星星大惑不解。

"一个想搞清楚电子行为的人。电子和光子的行为是差不多的。"宇宙鼓点先生悄声说,"这个人的实验是从一个疯狂的念头开始的,刚才那个天才先生已经证明了两束光

---

[1] 原型是德国蒂宾根大学教授克劳斯·约恩松(Claus Jönsson,1930—)。目前看来,他是最有可能第一个完成单电子双缝干涉实验的人,虽然这个实验被票选为20世纪最美的实验之一,但他本人影响力却很小。

在传播时是两个波,会相互干涉形成'斑马纹',如果我们只是一颗一颗间隔着发射单个电子呢?荧屏上又会出现怎样一幅画面?你可以在自己的脑海先写下答案。"

星星皱起眉头,这真是一个荒唐的问题,答案不是显而易见吗?单颗电子,一颗颗积累下来,不就会在荧屏上落下两条平行的亮带吗?

宇宙鼓点先生将手插进了裤兜,微微弓起背,说:"哈哈,你的表情告诉了我一切。的确,按理来说单颗电子是不可能出现干涉的,因为'干涉'的存在至少需要两个主体,单颗电子要和什么东西发生干涉呢?"

"是的……不过我觉得你不会问这么简单的问题。"星星眨了眨眼。

"小聪明鬼,瞧!那儿!"循着宇宙鼓点先生的手指,那个大高个面前的荧屏上,间隔着点燃了一个又一个亮点。

"那台圆筒装置可以让电子一颗一颗射出去,确认一颗电子到达了屏幕上,才会发出第二颗。记住刚刚说的,搞清楚电子是怎么运动的,也就解开了光子的谜团。"

太阳悄无声息地翻过了屋脊。乌鸦梳理着厚重的毛衣。星星看到屋子里的"高个先生"摘下了眼镜,用手帕轻轻擦拭镜片。他显然没有发现屋顶上的不速之客。

"那他一共要发出多少颗光子……哦,不对,是电子。"

星星目不转睛地看着荧屏。

"也许是一万颗,也许是十万颗,这没有那么重要。现在你先来猜猜,如果是这么多电子,最后会排列成什么图案?"

"就像天上的星星那样排列吧,东一颗、西一颗,密密麻麻的。"星星想了想,满怀信心地答道。

当许多颗电子逐个穿过狭缝,到达荧屏的彼岸,难以置信的一幕出现了。荧屏上,那些亮点竟然自动排成明暗相间的纹路,一道暗、一道亮,也像斑马身上的条纹似的。

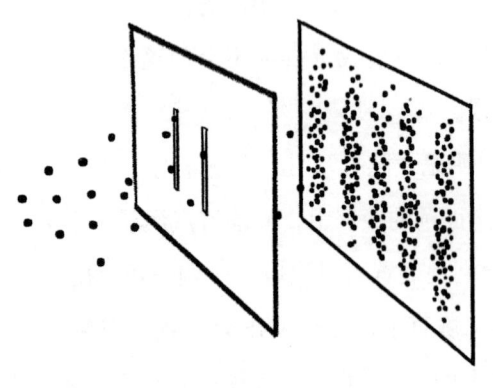

单电子双缝干涉实验示意图

"啊,是谁把电子排成了这样的花纹?"星星脱口而出。自己分明是看着电子一颗一颗打到荧屏上,它们是什么时候接到了指令,知道要汇聚在哪里,又不约而同地避开某些位置呢？

宇宙鼓点先生露出了满意的微笑。

"第一件事就是你要相信自己的眼睛，电子到达哪里不是随机的，而是被一股看不见的力量左右。这听起来很怪，却是千真万确的，"他边说，边看了一下手表的指针，"如果每颗电子不是穿过了左缝，就是穿过了右缝，是不可能出现这种斑马纹图案的，它们只会像星星那样散落在荧屏上的两条亮带里。只有当它们是同时穿过了两条缝，既穿过了左缝，又穿过了右缝，只有这样，荧屏上才可能出现这样的花纹，就像是一颗电子来到了狭缝面前分裂复制成了两颗那样，是的，这听起来很怪，后面我会慢慢解释的。先接受这个结论会很困难吗？光子也像电子这样。它们都有分身术。"

"它同时穿过两条缝，就是像这样穿过吗？"星星蹙着眉头，在半空比画出直线段。

"你问了一个好问题！"宇宙鼓点先生说，"不是的，它可以同时穿过两条缝，就说明在空气中的旅行路线是不能确定的，我们也就不知道它是不是直线穿过。也许它又中途折回了仙女座，像一颗透明弹子球绕过彗星和小行星的碎片，最后再次穿过大气层，向你飞来。"

原来这些跳舞的微粒从来不会遵循章法。但是，但是……星星也说不清究竟自己哪里还没听明白。

"在宇宙宽阔无比的荧屏上,一支看不见的画笔一直有计划地绘制着事先设计好的图景。没有什么是随机的。"宇宙鼓点先生笑着说。

"好吧,现在几点啦?"星星问道。

宇宙鼓点先生将双臂抱在胸前,回答:"刚刚过去了两个小时。"

5. 钻过了两个火圈的老虎

屋顶的消防天井盖被打开。有人踩着有力的脚步上来了。

"你看，在一些奇谈怪论面前，小孩总是表现得比大人更加勇敢一些。这就好比你将一幅《星球大战》里头的飞船图片摆在孩子面前，他们会立刻发出赞叹的惊呼，大人们才会去想这是不是假的。"乌鸦先生探出刷着两道粗眉的大脑袋。

钢笔小姐紧随其后，"不过解释得更透彻些也很有必要，尊敬的两位先生，想不出还有谁比你们更合适担此重任。"她笑着说。

"用来证明单颗电子同时穿过双缝的证据，就是它在传播过程中肯定产生了彼此干扰的两个波，因为只有自动分身成两颗电子，分别穿过一条缝，才会在荧屏上画下两波干涉的'斑马纹'。还记得我说的话吗？这种花纹是波特有的。找不到其他可能性了。"宇宙鼓点先生解释道。

"可是，单颗电子怎么可能形成波呢？何况还是两个？"片刻沉思带给了星星更深入的想法。

"你可以这么去理解：如果玻璃板上没有刻着两条狭缝，而是只留下一条狭缝，当我们持续发射，电子到达屏幕的位置其实也不是完全随机的，你会看到某些区域堆积了更多电子，某些区域则寂寞得多，电子出现在荧屏不同位置的概率本身就是不同的；更容易出现的位置，概率密度比较大，反之就比较小。"

大鸟趴在一根消防柱前，伸着柔软的长脖子，啄食遗落地面的食物残屑。

宇宙鼓点先生继续道："一群数学家就将这种描述概率密度的概念称为'概率波'，这可能有点抽象，但不得不承认这是一个充满画面感的定义。在这儿，看到没有？'波'已经出现了。接下来，你来解释两个波究竟是怎么回事。"他向乌鸦先生递送了一个眼神。

乌鸦先生会意地接过话茬："现在，将板上的狭缝从一条换成两条，就像你看到的实验那样。当一颗电子穿过左缝射向荧屏某个位置，是不是就存在一个概率波？穿过右缝的运动就造成了另一个概率波。只有同时产生两个波，才可能发生相互之间的干涉，编织成荧屏上明暗交错的花纹。这样一来，我们就可以倒推出这颗电子同时穿过了左缝和右缝这个结论了。"

星星用眼神向钢笔小姐求助。真正弄懂一件事比相信一件事要困难得多。

"小星星，电子最可能在荧屏上出现的位置，就是他们说的概率密度最大的位置，意味着这个位置可能积聚越多的电子，所以这些地方就被照亮了。再反过来想想就不那么奇怪了，是不是？"

宇宙鼓点先生也赶紧补充："从完成了电子发射的一瞬，到荧屏上的结果被看见，这段间隔的时间之内，你永远不可能预测单颗电子具体的运动路径，它同时穿过了左缝和右缝，向着荧屏上的某个位置着陆。当积累了足够多的发射次数，你所能看到的就是全部电子着陆位置的概率分布的情况，最大概率着陆的位置就是最亮的，最不可能着陆的位置就是最暗的。"

"现在我觉得这是奇谈怪论了。"星星看着面前笑意盈盈的三个人。到达狭缝时，单颗电子分饰两角，就好比告诉自己一只老虎可以同时钻过两只火圈。

"这怎么可能呢？"半响过后，她还在喃喃自语。

"你又忘啦，没有什么是不可能的。一颗电子同时穿过了左缝和右缝的混沌状态,应该只持续了很短很短的时间。这被称为叠加态。[1]"见星星不吱声,乌鸦先生又跟上一句。

宇宙鼓点先生则从怀里缓缓掏出一个信封,边用指腹抚摩,边轻轻说道:"单颗电子同时穿过了双缝,假设将这块板无限地延展,它也必然能够同时穿过其上无数多的狭缝。那么,当太阳向我们抛洒一颗光子,它也会在同一时刻开始所有方向上的旅行。光子从来就不只是沿着直线旅行的。它的行军图包括了所有的方向。它同时被各个方向上的物体干扰,再将反射的影像送回了起点。这听上去十足地'光怪陆离',但你得学会接受超越常识的现实。"

"你是要走了吗?"星星望着他被逆光染黑的轮廓。

"我还要去找邮局,晚了就来不及了。"他与乌鸦先生相视一笑。

"等等,你要寄信吗?"星星喊道。风从四面八方聚拢,将他们抱在怀中。

"很多年前,自从肺结核带走了我的妻子,我就给她写

---

[1] 这种状态被称为叠加态,也称量子态。对于处于叠加态的电子而言,它同时叠加了穿过左缝和穿过右缝两种可能性。

下了一封信[1]，但始终没有寄出。"天空仿佛真的响起了悠远的鼓点，"我不知道她的新地址，我想她会原谅我的。直到现在，我确信她就在一个地方。我会在这里碰碰运气，都祝我好运吧！"

乌鸦先生将蜷起的手指贴在嘴唇上，吹出了绵长的哨声。乌鸦接到指令，猛地张开翅膀，随时准备离去。"不不，我们得留在这儿，伙计。"他闭着眼睛，头斜靠在怪鸟软绵绵的腹部，仿佛在进行属于彼此的密语。

"请放心吧。"钢笔小姐拍了拍他的背。宇宙鼓点先生在乌鸦的低语中转过身去。

"等一等，我也可以寄东西吗？通过你们这里的邮局。"星星凝视着他被屋顶消防井吞没的身影，"写字外婆看不了，但我有这个东西。"她从怀里拿出一盒用蓝色塑料壳包裹的磁带。

"很高兴你还留着这个东西。"乌鸦先生的小眼睛闪烁着光点。

"高领衫先生说过的，我心里想的话，都自动记在了上面。那么，外婆可以收到吗？她能听到吗？"星星转向钢

---

[1] 费曼的第一任妻子艾琳很早就染上肺结核，但费曼依然娶了她，几年后她就去世了。一年多后费曼写了一封无法寄出的信，信的附笔写道："请原谅我没有寄出这封信。我不知道你的新地址。"

笔小姐。春风拂过了她们的鬓丝。

此刻的太阳好像又变成了一颗透明弹力球，隐藏着蓝色小镇、泥滩、白崖、许多人、三条腿的乌鸦，一个相似而又完全陌生的时空。

"等到旅程结束的时候，你自己会有答案的。"钢笔小姐的笑容仿佛也要装进悬于半空的那个球形的宇宙。

6. 看不见的，存在的

空中的金色热球还在暗中膨胀，为乌鸦的雪白外套染上金粉。这只怪鸟镶嵌着红宝石的头颅上了发条般来回转动。

"它是不是有点不耐烦了？"星星抿了抿嘴唇。

"是我们得抓紧，它会等在这里的。"钢笔小姐说，"晚些时候它就会带你回家。"

"真的吗？"星星兴奋地挥舞手臂，转而歪过头，"它能飞这么远吗……"

钢笔小姐瞥了一眼手表指针，说："接下来我们就沿着屋脊走，你可以从这儿看看街道和房子，听我们给你讲讲里头发生的故事。"

乌鸦唱着咕咕作响的欢歌，很喜欢这个安排似的。

"我们要快些，你的这双鞋子正适合屋顶上的远足。"低下头，星星看到自己纤细的脚踝塞在一双运动鞋里，后跟闪着忽明忽暗的霓虹。

从这片石头质地的蓝色穹顶下去，三个人来到了一扇漆黑的铁门前。钢笔小姐取出了笔，星星不知道它还可以用作钥匙。铁架的关节颤抖着嘶哑作响。他们来到了一个窗口。乌鸦先生率先爬上半浮动的绝缘管道，绕过抽油烟机的出气口。三人站上了锯齿状屋脊的顶部。这里也是鱼鳞般的铁皮做的。旁边堆放着两捆生锈的卫星天线。

"小心点儿，待会儿我们要从这里跨到别的屋顶上，慢慢走，沿着这条天空的步道，我们会带你见识一些人，"钢笔小姐对这里了如指掌，"现在我们只需要在天黑前赶回去。"

"你是说透过那些窗口旅行吗？"星星说。

"那些人很有意思。看吧，我就说保持运动会让人身手敏捷。"乌鸦先生成了领头羊。

"得感谢今天的天气，要是下雨，屋顶就走不通了。"钢笔小姐笑着说。

三个人就这样前后相随。乌鸦先生忽然回头对星星说道："刚才的实验里，你没有看出一个重大问题吗？"

"啊，什么问题？"星星留意着脚下涌现的块块涂鸦：苹果、肥皂泡、飞碟、机器人……

"我们看到的世界就是光子在旅行路径上'照亮'的一

切,假如一颗光子真的可以同时完成多个路径的漫游,意味着可以照亮多个方向上的影像,可以同时放映许多部宇宙的电影,为什么我们永远只看到了其中的一个结果呢?它在其他方向上'照亮'的事物为何好像从我们意识的地图上被彻底地擦除了?"

自己怎么没有想到呢?星星默不作声。

乌鸦先生动作麻利地越过了一排晾衣杆,继续说道:"当我们举起一只手电筒,会看到光束呈锥形透过薄薄的毛玻璃射出来。这些光子以每秒 10 的 14 次方个的天文数字倾泻而出,似乎总被你视野前方的物体阻拦,反射回到视网膜。于是你就感觉到了'看见','看到'面前的路被照亮了,物体的轮廓和纹理一一浮现了出来。如果光子真的一度处于不确定性之中,那么,在被你'看到'之前,它们就应该同时飘散到各个方向,可是为什么手电筒照亮的总是前方的景象,而不是身后的画面呢?为什么在宏观的世界里,我们从来不曾看到过'叠加'的图景呢?我们何以一次次失之交臂?"

星星从一座木架底下经过,头顶是一片片巴掌大小的风干牛肉。

"是啊,为什么呢……"

"比你着急的人有的是。他们同样间隔着向对面的荧屏一颗一颗发射电子,但是这一次,他们做了一点别的手脚。先在金属板和狭缝之间放上了一个探测器,也就是让一双观测之眼全程监控每颗电子穿过狭缝的过程,看看它们究竟是怎样穿过去的。这一次,你猜猜,荧屏上出现了什么花纹?"

"'斑马纹'啊,刚刚你们说过的。"星星自信地回答。

"事实上,我知道这一次叫人很难以置信,但是波干涉形成的'斑马纹'竟然消失了。荧屏上只出现了两条光带。波特有的图案不见了。换言之,电子的分身术失灵了。"

"这怎么可能呢?哦,你说没有什么是不可能的,但是两个'波'消失了吗?是什么赶走了它们呢?"

"被探测器'看见'的刹那,叠加的状态就不见了。被'看见'的瞬间,电子的旅行路径就确定了下来,其他方向的路径不复存在。这颗电子不再同时穿过两条狭缝,而是选择了其中一条狭缝,坚决地穿梭而过。"钢笔小姐解释的语气也是那样坚定,"消失的瞬间称为'坍缩'。小星星,你现在看到的这个世界,正是'坍缩'的这个瞬间所呈现的状态,而你看的动作被称为'观测'。"[1]

"别让这些名词吓坏了她。"乌鸦先生接过话茬,再次

---

[1] 这里基本采用了哥本哈根诠释,和多世界理论一样,是对量子力学的一种解读。

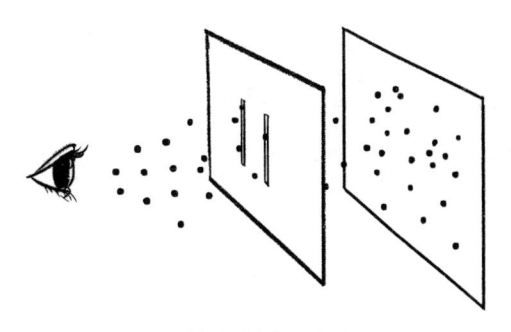

观测与坍缩示意图

说回那只手电筒，"当手电筒射出一束光，光子就开始了自由自在的漫游，单颗光子同时出现在各个方向的路径上，但绝大多数情况下，空气作为一种均匀的传播介质，大概率地，沿着直线旅行的距离总是最短的，所以这个结果总是最先抵达我们的眼底。而一旦我们观测到这个结果，光子在其他路径上的结果随之坍缩。这才是我们总是感觉光子沿着直线传播的真正原因。"

"就是说，其他的结果只是跑得太慢了，没有机会被看见？"星星睁大惊奇的双眼。

"这种情况也不是绝对的，如果作为传播介质的空气改变了某些性状，从概率上看，光子旅行路径的最短距离，可能不再是沿着直线行进。比如说海市蜃楼的出现，就是因为气层的环境被高温改变了，光子拐弯旅行反而更大概率地成了一条最短的路径，被它们反射的其他方向上的影像抢先一步被你看见了。当你看到的瞬间，和其他结果一起，直线方向上的结果也随之坍缩了，仿佛从来不曾存在过一般。"踏在太阳的金色地毯上，乌鸦先生轻轻叹了口气。

7. 错过的小狗

三个人继续小心翼翼地前行。没过多久，星星就发现在这片年代久远的屋顶上行走不算太难。暖阳仍然伸着毛茸茸的爪子。她忽然想起了什么："对啦，天黑了以后，太阳休息了，光子又会从哪里来呢？"

"被你发现了。光子当然还来自其他的光源。"钢笔小姐笑了起来，"小星星，你要记得，从大类上看，光子只有两种来源。一种来自原子核的聚变，比如说太阳，它心脏里的原子核一直在燃烧，光子就释放了出来。另一种是原子核以外的世界，光子就是从电子的运动中来的……"说着，她抬起腿，轻松地跨过了又一小片五颜六色的涂鸦。

"比如说电灯和蜡烛？"星星紧随其后。

"其实微观的运动一共只有三种而已，一是光子的运动，二是电子的运动，第三种呢，就是电子释放和吸收光子的运动。"乌鸦先生花白的头发也敷上了一层薄薄的金粉,"太阳为什么可以照热你呢,是因为它释放的光子接触到你的皮肤,皮肤由原子构成,原子轨道上本来就有一些电子在绕着原子核走动,光子就被电子吸收啦,但是这些光子的能量还没有大到可以带走这些电子,所以它们逗留了一会儿,重新变回光子离开了,离开的时候,皮肤的电子也会被带着跳跃起来,这个过程就释放出了热的能量。"

星星的皮肤果然被阳光熨帖得暖暖的。"再说说晚上的情况嘛。"她说。

"晚上,你开了一盏灯,灯通了电,就有许多电子流过钨丝,它们跑得这样快,也释放出了光子,我刚刚就说嘛,原子核以外的世界,光子是从电子的运动里产生的。"乌鸦先生踩着小猫似的步点,蹑手蹑脚地跃上了相邻的一片屋顶。

"那么,这些光子就被物体表面的物质反弹了回来,再被我们的眼睛看到,是不是呢?"星星说。

"对,比如说你在灯下看到了一条小狗……"

"什么样的小狗?"星星心念一动。

"当然是三种颜色交织的小狗呀,小星星。"回应她的,是钢笔小姐不假思索的声音。

乌鸦先生并不明白两人之间的哑谜,"小狗的身体各个部位表面都有原子的轨道，上面有一些电子在旋转。回到刚刚说的，电子会吸收这些光子，但是在不同部位，光子和电子的作用结果是不太一样的，所以你能看到狗的颜色、形状不一样，最后一些光子重新反射到了空气中，碰到了你的视网膜表面的电子……接下来的故事想必你也会说呀！"他期待地看着星星。

星星昂起头，空中的金色苹果仿佛正说着亘古未改的誓言，"这些光子又被反射到空气中啦，没有人知道它们是怎么走的。沿着直线或者曲线，还是一点儿规律都没有。最后，只有一条路线被我最先看到了，其他的结果就消失啦。"

"是的，在你还没有进行观测之前，结果是不确定的。就在刚刚，我想到了宏观世界中有一个相近的例子，你想不想听？"

"求你别卖关子啦。"

"美国第二次独立战争期间，最后一场战斗在距离新奥尔良8公里以外的地方打响。其实早在两周前，美国与英国就已经签署了和平条约，但由于通讯延迟，美英双方的前线部队并不知情。新奥尔良战役期间，战争既结束了，又在进行中。"

星星若有所思地点了点头。

"所以你抱起了灯下的小狗,它的心脏在跳动,皮肤是温热的,与此同时,你也错过了那些来不及被你看见的小狗。在坍缩发生以前,其实有着数不清的小狗!"乌鸦先生侧过身,贴着用泥巴和砖块筑起的围栏往前走。

三人肩并肩,真的经过了一条小狗。它的腹部包裹着三色编织的绒毛,点缀着褐色斑点的前爪向内蜷曲,像是为了保护自己的指甲。它的双耳垂落肩头,耳根微微耸动,偷听着这场屋顶上的奇妙对话。原来是你,星星认出了这只在各处出没的小狗。现在,它就偎依在一个斜线屋顶的天窗旁边。

8. 被凝望改变的过去

"现在,你在心里想一个物体吧,苹果、星星、小狗或者玻璃,什么都可以。别告诉我谜底。"乌鸦先生放缓了脚步。流浪的小狗吐着舌头,画了一圈眼线似的眼睛时不时打量他的裤腿。星星也是这样充满求知欲。她沉醉于量子的世界,却发现自己从没到达那里。

"想好了!"星星紧跟乌鸦先生,抬起腿,跳过了一根正在冒烟的排气管。落在最后的钢笔小姐轻哼一声:"不需要我的参与吗?"

"先从我们的小家伙开始。"看起来乌鸦先生已经玩过很多次游戏。

"注意,我要开始猜你心里的物体了,我会问一些问题,你必须诚实回答是或否,看我能不能缩小范围,猜中答案。第一个问题,它比小狗大吗?"

"是的!"

"是一种动物吗?"

"不是。"

"有生命吗?"

"没有……"星星紧张地守护自己的答案。

"它是液体吗?"

"不是的。"

"它在地上吗?"

"不是。"

"它在天上吗?"

"是的……乌鸦先生。"

"它是太阳吗?"

"你太厉害了!"星星败下阵来。

"有次我发明了新玩法,找来20个回答者,我从第一个人开始问,将第二个问题抛给下一个人,当我问'它是电子的吗',第三个人回答得有点犹豫,到了后面,每个人都回答得越来越慢,也越来越困难。"

"最后你赢了吗?"

"当然,那次的答案是晶体管收音机,实际上这20个人事先并没有商定这是什么东西,他们唯一同意的就是以'不会和之前任何答案相矛盾'的方式来回答,直到问到最后的问题,'晶体管收音机'才作为答案出现了。在我开始提问前,其实还没有答案。宇宙究竟是什么样子的?这实际上取决于是谁在问。"乌鸦先生稀疏的头发被微风扰动,"事实上,我经常在山坡上透过窗口远眺,先是云杉和白松树从晨雾中显现出来了,然后是有气无力的太阳,接着是一小片屋顶,随着我的注视行为,世界一点一点地拼凑起来。宇宙不断地从可能性的雾中浮现。我的想法是,我们居住在自己的观察中。你不仅仅是宇宙舞台上的旁观者,还参与了塑造宇宙。"[1]

星星似懂非懂地沉默。

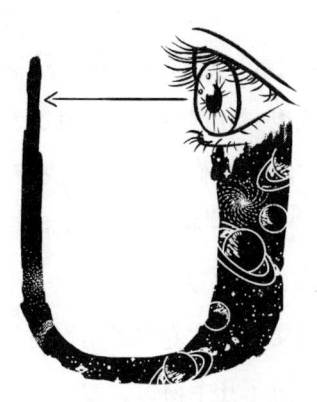

"参与式宇宙"示意图

---

[1] 惠勒提出的"参与式宇宙",还没有得到科学界的共识,算是一家之言。这种情况在量子学界非常普遍,但我觉得很有意思,故采纳之。

"我很想知道您是如何证明这一点的,不然听起来更像是形而上学,您明白我的意思,这并不包含对形而上学的诋毁,但是缺少实证总让人感到不那么踏实。"微风捎来了钢笔小姐的声音。

"那就还是回到刚才的双缝实验中,实验总是更可靠些,对吧?电子好像未卜先知一般,知道前面有探测它行进路径的仪器存在,就会选择以粒子的方式穿过其中的一条缝。如果我们将探测器放到金属板的后方,等电子穿过双缝后片刻再决定是否打开仪器,一切都是临时起意,结果又会怎样呢?"

金属板上竟然还可以做这么多实验……星星挠了挠头。

"我想在向我们解释的时候,先生只是用这种方式简化了自己的实验。我也很好奇结果会是什么。"钢笔小姐说。

"结果证明,假设我们途中临时决定打开探测器,光子会以粒子的形式旅行。听起来是不是很奇怪?它在出发时没有探测器存在,还是以波的形式旅行的。所以我猜想,我们事后的决定其实可以改变电子出发时的决策。"[1] 不知不觉间,三个人又经过了几个窗口。

---

1 简化版的惠勒的"延迟选择实验"。这个实验的结果似乎仍有些争议,或者说它的严谨性遭到挑战,还没有形成统一的观点,所以这里采用了"我猜想"这样的表述。

"历史不仅不是确定的,而且直到我们观测到结局的那一刻才会尘埃落定。并且,我们的观测方式正在改变着历史的发生。微观世界可能并不遵循宏观世界所谓的因果律。"乌鸦先生嘶哑而又铿锵的声音在风中回荡,"这个结论甚至可以安在广阔无边的宇宙身上。"

就在屋顶起伏不定的胸膛上,三个人相互依靠,坐了下来。

"现在你可以想一个类星体,一种非常明亮并且遥远的年轻的星系,在地球和这颗类星体之间,还有另外两个大型星系。大质量物体的引力可以使光线弯曲,我希望你没有将这一点忘记……"

"不会的。"星星仿佛回到了旅行之初。

"大星系会改变光子的走向,就像是光子路过了玻璃镜子会发生反射一样。两个巨大的星系就代替了两条狭缝,给光子创造了两条不同的旅行路径。类星体就是光源。可以理解这样一个设定吗?"

星星点了点头。

乌鸦先生继续道:"地球上,一群天文学家决定观察这颗类星体的光子是怎样旅行的,望远镜就扮演了探测器的角色。结果,当关闭望远镜,光子就被证实从两条路径同时通过了;当打开望远镜,它就只选择了其中一条路径。这个结论就是发生在宇宙尺度上的双缝实验。但这是很微妙的事,因为你要知道,类星体距离地球是非常遥远的,在天文学家决定测量以前,光子早已经走了几年、几千年,甚至早在地球生命诞生之前。但我们的中途介入却改变了它原始的选择。也许这很有争议,不过我觉得我们正是这个进行中的宇宙的一小部分,不仅这个宇宙的未来尚未确定,过去也同样如此。追溯到大爆炸,我们目前的观察结果,只不过是从许多可能的宇宙量子历史中选择了一个而已。"

钢笔小姐倒吸了一口凉气,颤声道:"所以,当一个有意识的人向着深空凝望,他就参与了创建宇宙的形态和历史,是这样吗?这太美了!"

"量子力学无限的可能性或许是物理宇宙的全部,但它们是由巨大的不确定性组成的,而我们这些有意识的观察者最终只和其中的一部分发生了互动,不仅催促它沉淀下来,变成实在,还将我们的意识编织进了它的历史之中。可以这么说,我们的意识创造了现在这个可见的宇宙,它的过去和现在。"凝望着被日光点燃的天空的舞台,乌鸦先生仰着头,就像一只振翅欲飞的鸟。

"你的笔记本呢?"越过星星,乌鸦先生将目光投向钢笔小姐。她赶紧递上前去。

如果你想要一个观察者,你需要生命;如果你想要生命,你需要重元素。要从氢中制造重元素,你需要热核燃烧。要进行热核燃烧,你需要在数十亿年的恒星中烹饪一段时间。为了在时间维度上延伸数十亿年,根据广义相对论,宇宙在空间维度上必须跨越数十亿年。那么,为什么宇宙会这么大呢?因为我们在这里![1]

书写完毕,乌鸦先生将钢笔递了回来。星星如梦初醒般连声大喊:"我也懂了!我也懂了!我的眼睛看到外婆的刹那,我就创造了她的过去。天啊,她过去所经历的一切,也有我的贡献。现在,虽然她走了,我却觉得我们之间更加亲密了!"

"说得很好,在我看来,你的意识很可能参与创造了物质。"乌鸦先生矮小又敏捷的身姿跃动在这片古老的屋顶上,就像愉快地漫游在宇宙不可知的乌托邦之中。

---

[1] 美国物理学家罗伯特·亨利·迪克(Robert Henry Dicke, 1916—1997)对宇宙的解释。在普林斯顿大学,他是约翰·惠勒的同事。

9. 遥远的协作

　　太阳已经爬上了抛物线的顶点。三人起身，从那条三色狗鼓鼓囊囊的躯干旁经过。它梦呓般地哼唧了几声，像在努力挽留他们似的。

　　星星追上乌鸦先生，并肩走在屋顶上。"乌鸦先生，就在刚刚，我想到了一个新问题。"她说。

　　"欢迎。学生存在的目的就是为了教育老师。"[1]

　　"按照你们的说法，刚才看到的那条小狗的样子，只是最先到达眼球表面的一种结果，还有很多小狗来不及被看到，是这样吗？"

　　"我的理解也是这样的。"乌鸦先生跷起大拇指。

　　"那么，每次我看到外婆，其实也有许许多多被我错过

1　这是惠勒的名句。

的外婆,是不是呢?她们真的存在吗?又被安放在哪里?"星星那两颗仿佛琉璃做成的眼珠幽幽闪动着光泽。

"这个问题……"乌鸦先生深吸了一口气,说道,"我有个学生[1]提出了这么一个主张,量子的这种不确定性的叠加态发生在每一颗恒星、每一个星系、宇宙的每一个偏远角落,将我们在地球上的本地世界分割成无数个自身的副本,简而言之,就是存在许许多多个平行的世界。"

钢笔小姐也追上前来。

"如果相信这个说法,你'看到'外婆的刹那,光子的路径确定了下来,而其他方向上的旅行所照亮的世界并没有真的消失,相反,它们分裂成现在这个世界的其他可能的版本,平行运行在别的世界中。"乌鸦先生一字一顿地说。

这让星星感到振奋,"所以,其他平行世界里的外婆还是活着的吗?"

"量子行为无时无处不在,所以当你相信平行世界,这个结果是完全可能的。她在每个被观测的时刻完成分裂,必然有一个继续活着。"乌鸦先生不假思索地回答。

已经很久,星星没有这样感动了,仿佛那个看不见的外婆正在凝视着自己,用她在这个世界已经盲了的眼睛。

---

[1] 原型是本章引言中提到的休·埃弗里特三世,他是对量子力学提出多世界解释的第一人,也是惠勒的学生。

在一个生锈的避雷设施附近,乌鸦先生停下了脚步。前方,一个瘦弱的男人挡住了去路。准确地说,他们是被一片小型垃圾堆所阻挡。旧的电话簿和磁带、千奇百怪的纸板箱、一些波普艺术的手绘漫画、元素周期表和签署《独立宣言》的海报,都在面前堆积如山。男人藏在厚厚镜片背后的眼睛显得格外大,就像一位动漫人物。[1] 蘑菇形状的金色头发夸张地盖在脑门上,就像一只造型完美的钵。

"嗨,打哪儿来?"他冲三个人喊道。

"你怎么也上来了?"乌鸦先生打趣说,"她刚巧问到平行世界能不能得到验证,就到你的主场了。"

星星有些吃惊地望着这对旧相识。乌鸦先生对她说:"接下来我可以歇歇了,实际上我在20世纪80年代就放弃了对平行世界的坚持,尽管它们可能存在,但我担心会把一切引向玄学。不过,不得不承认,既然科学暂时无法给出一个诠释量子力学的标准答案,平行世界的观点至少可以以'浪漫'取胜。平行世界之间永远无法交流吗?大胆地将这个棘手的问题抛给他吧!"

---

1 原型是英国牛津大学教授戴维·多伊奇(David Deutsch,1953—),当今世界多世界理论的权威支持者。同时,他也是坚定不移的量子计算机的先驱。

"很乐意为你效劳,小姐。""蘑菇头先生"向星星伸出右手。

"可是你要走了吗?"星星依依不舍地看向乌鸦先生。

"天下没有不散的筵席。你问了一个相当有水平的问题,"乌鸦先生转向蘑菇头先生嘱咐道,"我们对所发生的过程进行观测时,我们自己也变得分化了,这是你的观点,对不对?我们的每一个副本都能看见自己这个宇宙中所发生的过程,那么,是否真的完全对其他宇宙的故事一无所知呢?假如所有的结果都已经发生了,你又能找到什么证据?她刚刚失去外婆,我告诉她外婆有无数个副本,生活在无数个平行世界。"

像那位宇宙鼓点先生那样,乌鸦先生的身影也一点一点在消防井中消失了。

蘑菇头先生推了推椭圆形镜片,对星星说:"毫无疑问,平行世界是存在的,这是双缝实验的观察结果,想必你已经听说了这个实验。"

"有好几个版本冒了出来。"星星有些无精打采地回答。

"看来这并不能说服你相信平行世界的存在。"

"我也觉得证据不足。"沉默许久的钢笔小姐开口说道,"我们无法确定这些来不及抵达眼球的世界究竟因为完全坍缩而消失，还是被存储在别的什么地方——比如说你相信的平行世界。"

星星也随声附和，但她希望答案是后者。消失，就是什么都没有了，而看不见，却可能依然存在。她宁愿外婆是以她不再知晓的方式继续生活，而不是卷入了生命的寂灭。

"所以人类需要一台可靠的量子计算机，这样才能监测一些量子现象，能够再现平行世界的体验。照我说，量子计算本身很可能就是通过平行宇宙之间的协作来完成的[1]，通过建造和使用它，我们才有机会接近量子宇宙的本源。无论是一个仅有纸和铅笔的数学家，还是一个像算盘那样的机械系统，或是一台经典计算机，本质都是算法。量子计算机将是一台通用的计算设备，可以模拟出宇宙物理系统，可以用它来执行任何算法。这套设备不再仅仅是人类发明功劳簿上的一笔，更像是宇宙本身的一个基本特征。我们通过建造和运行它来破解量子宇宙的奥秘。"

"那么，它已经造出来了吗？"

"现在就有了一些初代产品，我们还在不断改进。[2] 当量

---

1 此观点见于戴维·多伊奇科普作品《真实世界的脉络：平行宇宙及其寓意》。
2 目前中国、美国都造出了量子计算机，最新的可查消息是：2020年12月4日，中国科学技术大学发布使用76个光子进行运算的量子计算机"九章"，并宣布实现量子优越性，但现在均无法完美地运算秀尔算法。

子计算机可以完美地运行算法，就会为平行世界的存在提供证据。"

"那么，你说的量子计算机究竟是什么东西呢？"

蘑菇头先生没有急于回答星星的问题，而是从庞大的垃圾堆中捡起一根蓝色的塑料晾衣杆，用力挑开一些纸箱和文件。一条细细的小径开辟了出来，三个人先后排列，慢慢穿过。

10. 非凡的计算规则

在看不见的滑轨上,太阳开始向着西方滑动。"下午了。"星星回头对钢笔小姐说。

钢笔小姐笑着说:"看来有人归心似箭。"

"看来我还得抓紧时间,"蘑菇头先生低头抿唇,将两个人引向了一片屋顶的开阔区域,"量子计算机就是利用量子力学原理造出来的计算设备,根据经典力学,老虎怎么可能同时钻过两个火圈?但在量子的世界,这就是真实。"

"这种计算机有什么特别的吗?"星星侧头问道。

"应该这么说,它和经典计算机毫无关联,它们的计算规则是截然不同的。平时你在键盘上一阵敲击,屏幕依次出现了一串字符。想想看,现在你最想对谁说一句'我爱你'?"

"爸爸、妈妈,还有……我最爱的外婆。虽然不知道怎样才能让她收到这个讯息。"星星立刻答道。

"好的，屏幕上已经出现了'我爱你'的字符，试问，负责运算并展示出结果的计算机内部究竟发生了什么呢？在那块迷宫一般的电路板上，一切是怎样被建构起来的？"蘑菇头先生连珠炮似的发问。

"我觉得都是代码和程序的功劳。爸爸告诉过我的。"

"这么说不能算错，但在这个代码世界的最底层，回到你完成输入的那个瞬息，经典计算机就已经开始识别和理解你的意图了。当你输入'我爱你'，电路板承担了运算的重任，它是由一些晶体管组成的。当你每次敲击键盘，都有电流通过了这些纤细如发的晶体管，如果识别出是高电压的电流，计算机会自动将信号记录为数字'1'；如果是低电压的电流，就记录为'0'。就像有一个看不见的翻译官，不管你输入什么，触发的电信号都会通过1和0组成的数字串来保存。'我爱你'也是一串1和0。"

星星抬了抬手，遮挡正在向着自己倾泻而来的阳光。在朦朦胧胧的光晕中，她有些难辨方向。

"翻译成1和0后，经典计算机就可以进行一些逻辑的运算了。这一切也发生在你的身体里，DNA会将生物信息全部转译成A、T、C、G这样4类字母，随后再进行编码和处理，将信号发射到身体的各个角落。"

"原来是一样的……"星星喃喃自语道。

蘑菇头先生还在专注地继续:"每一个1或0都可以看成是一个信息,信息就称为'比特',晶体管参与翻译和记录经典计算机的每一个比特。就像刚才说的,晶体管识别高电压,记录为'1',将低电压记录为'0',一个经典的比特不是代表'1',就是代表'0'。经典力学不允许并行的状态,你不可能同时走在两条花间小径上,月亮不可能既是圆的又是缺的,蜜蜂不可能同时采走两朵花的花蜜,被假想关进了毒气箱的猫[1]也不可能既生又死。每一个比特在每一瞬间只能取一种状态。这就是经典计算机执行的'二进制'。"

"什么叫'二进制'呢?"星星困惑地问。

"1和0组成'二进制',DNA将信息编译成4个字母,就可以说成'四进制',你的生命体就是一台进行'四进制'运算的计算机。"蘑菇头先生的世界似乎是由晶体管和机械

---

[1] 埃尔温·薛定谔于1935年提出的思想实验。实验中,他假想把一只猫、一个装有氰化氢气体的玻璃烧瓶和放射性物质放进封闭的盒子里,当盒子内的监控器侦测到衰变粒子时,就会打破烧瓶,杀死这只猫。根据量子力学的解释,实验进行了一段时间后,猫会处于又活又死的叠加态,但当实验者观察盒子内部时,他会观察到一只活猫或者一只死猫,猫坍缩成两种可能状态中的一个。薛定谔借此提出一个尖锐的问题:叠加态究竟是何时发生了坍缩?继而对量子学说在宏观世界的完备性发出了挑战。

件排兵布阵而成。这种新奇的说法点亮了星星。

"但是电子、光子这样的小东西可以同时钻过两条缝。"阳光还在灼热地亲吻她的手背。

"说得很对！所以对于一台量子计算机来说，一个被称为'量子比特'的信息就不再遵循经典力学来运行。"蘑菇头先生将晾衣杆当成了手杖，时不时地在半空挥舞，显得我行我素，"每一瞬间，每个量子比特可以同时表示1和0，想想一颗电子是如何同时穿过了左缝和右缝！最后，只有到了观测的时候，才能让它坍缩到其中一种状态，变成确定1或0。"

"我们又回到那个实验了，它好像是万能的呢！"

"经典总是不怕重复。听着，接下来要说的事很重要，在观测之前，量子比特就像那颗向着荧屏进发的光子，可以于同一时刻穿过所有狭缝那样，它所表示的每一种状态都在并行计算。"蘑菇头先生加快的语气中，兴奋的情绪一览无余，"这让量子计算机的计算能力变得无比强大。"

钢笔小姐插话道："同一时间，1个经典比特只能表示1或0两个数中的一个，4个经典比特可以表示4个数，但是1个量子比特能同时表示2个数，4个量子比特就能同时表示16个数。N个量子比特能同时表示2的N次方个数。"

"原来小家伙有你这样聪明的旅伴，难怪呢！""手杖"

挥向天空，迅速向着屋脊垂落，"根据现在天文学家的测算[1]，我们整个可观测的浩瀚宇宙中，原子的总量大概一共有10的80次方个，换算下来大概是2的266次方那么多。所以，我们只需要266个量子比特，就能完全表示宇宙所有的原子。甚至还有人相信，宇宙本身就是一台庞大的量子计算机。[2]"

"量子计算机很厉害，但又是怎么证明运算是在平行宇宙中完成的呢？"星星还在记挂最初的问题。此时她迫切想知道，那个夜晚过后，究竟有多少个外婆，分别生活在哪里；她们真的存在吗？还能与自己相见吗？

"你得有点耐心。一台完美的量子计算机自会证明这一点。"

"那么怎样才能说是完美的呢？"钢笔小姐也歪着头问。

"这么多年来，我们早已有了完美的图纸，一直在改进的是制造的工艺。马上就要到终点了。"蘑菇头先生旋转"手杖"，施加某种魔法似的，再次向着太阳挥去。

---

1 该测算是以太阳为基准，先估算了可观测宇宙中恒星总数的质量，并通过假定所有构成恒星的原子都是氢原子来实现的。事实上，氢原子大约占到了所有原子的74%，而这些质量仅包括了星际物质和星系介质在内的普通物质的质量，不包括暗物质和暗能量。

2 麻省理工学院机械工程与物理学教授塞斯·劳埃德（Seth Lloyd, 1960— ）在2006年出版的《宇宙编程》一书中提出，宇宙本身就是一台大型量子计算机，它运行着一个宇宙程序，产生了我们周围所看到的东西，一旦我们完全理解了物理定律，也将能够使用小规模的量子计算来完全理解宇宙。

11. 量子夹娃娃机

屋顶下面的小镇就像记录着时间变迁的古书中的一幅巨型版画。

"嗨,嗨!"一个盘腿坐在坡形屋脊上的卷发老头[1]热情洋溢。

"你好,'大胡子先生',你一个人坐在这里干什么呀?"星星问道。

"晒太阳,思考人生。"

蘑菇头先生介绍道:"这位就是设计出完美的量子计算机图纸的人。"

"所以你能证明平行世界存在吗?"星星迫不及待地问。

---

1 原型是秀尔算法的发明者、麻省理工大学应用数学系教授彼得·威利斯顿·秀尔(Peter Williston Shor, 1959—),他创造了一种完美状态下的量子电路可以运行的算法。

"我们先来做个小游戏，怎么样？"笑容深藏在茂密的胡须的丛林中，他有些笨拙地舒展开粗壮的躯干。

星星俯下腰，坐到他身边。钢笔小姐早有准备似的再次掏出了笔记本。钻出了背带裤的波浪形状的大领口，在微风的袭扰下，就像一只白色的蛱蝶。

"你先自己想两个质数。"大胡子先生说，"知道什么是质数吗？"

"当然知道，就像7和11那样，质数只能被1和自己整除。除以别的数字，都会产生小数点的，这是很简单的数学题。"星星得意扬扬地说。

"那你快想两个出来，把它们乘在一起，再将这个表示乘积的数字告诉我。"

"21。"星星脱口而出。

"这未免太简单了，你心里想的质数就是3和7嘛。"大胡子先生由上至下地捋了捋他那雄狮鬃毛般的胡子。

"原来你是要猜这个，那等等……"星星将嘴唇贴近钢笔小姐的耳朵。她在纸上涂涂画画，将答案告诉了星星。

"这次可是个四位数。5963！"

大胡子先生低头盘算了片刻，还是说出了答案："67和89，还不赖，你对质数挺熟悉的。"

"换我来猜！"星星喊道。

"88370753。"大胡子先生不怀好意地笑起来。

"这也太难了吧。"就连钢笔小姐也耸耸肩。

"答案是8861和9973，这很难猜到，对不对？就算你对照着质数表一个一个筛选答案也是非常难的，因为在8861和9973以前还排列着许多质数，小于1000的质数就有168个。"

"我中计了！"星星托着腮，侧过头。

"这还只是给了你一个8位数，如果现在给你一个25位数，让你去猜是哪两个质数的乘积，你认为需要多久呢？"

星星皱着鼻子，摆了摆手。

"地球上所有的经典计算机加在一起，也需要算上好几个世纪！"

"啊，这不可能吧！"星星惊呼道。

"千真万确，现在如果有一个232位的数字，经典计算机要算上2000年，如果增加到300位数，就要花上大约15万年。"

"听起来也太久了吧。"星星忽然想到，就算外婆是从老人星往地球赶，也根本花不了这么久。

"15万年前，人类的祖先还刚刚在撒哈拉沙漠以南的非洲陆地上出现呢。"钢笔小姐咬着笔杆说。

"看来如果有人出了这道题，我们就算不出答案了。"

"过去我们要找出一个大数字是哪两个质数的乘积，就靠经典计算机一个一个去猜，这当然是很低效的，但现在不是有了我吗？"大胡子先生爆发出一阵爽朗的笑声，魁梧的身躯抖个不停。

"因为 266 个量子比特就能代表宇宙所有的原子，量子计算机可以同时计算出全部可能的答案。"他说。

"是不是只要一秒钟就能算出来是哪两个数？"星星的眼睛满含期待。

"可以啊，但是问题是这些答案全部纠缠在一起，我们没有办法像操控'夹娃娃机'那样,只抓取自己想要的答案。"大胡子先生答道，"每次你观测一个叠加态，坍缩成哪个结果是不可能受到控制的，也就是说每次观测出现的结果都是随机的。这就像你蒙着眼睛去夹娃娃，你也不知道会夹上来什么。所有结果最后被观测到的概率都是一样的，我们知道正确答案肯定在那里，却没办法通过外界的干扰决定自己观测到对的结果。"

阳光就像一支油性签字笔，深深勾勒出万物的轮廓。

星星转动着眼珠，半晌才说："所以量子计算机又有什么用呢？"

"不可以这么悲观哦，很多人都在给量子计算机的电路板设计算法，根本目标就是努力提高抓取到正确答案的概率。这么比方吧，假设一共有 10 万个分支同步在做计算，其中只有 3 个答案是想要的，只有万分之零点三的概率，我们会观测到正确答案；但是，假设只有 3 个答案是不正确的，到了观测时，我们随便抓取一个，就有极大概率抓到正确答案。"

"让玻璃柜里的娃娃尽量都变成自己想要的，这就是教授的发明。"钢笔小姐对星星说。

"到底要怎么做呢？你能让那些不想要的娃娃都消失吗？"

阳光沿着屋顶倾斜的角度垂落，像是为大胡子先生的演讲拉开序幕。

"我的算法可以尽量去减少那些包含了错误答案的计算的分支，你玩过一个叫'俄罗斯方块'的游戏吗？"

星星蹦了起来，"哈哈，大胡子先生您可落伍啦！现在大家都玩'消消乐'。"

"哈哈，就说'消消乐'吧，如果完美地按照我设计的电路图纸运行，就是能让那些不受欢迎的分支像'消消乐'的圆圈或者方块那样相互抵消，这样一来，包含了正确答案的分支占的比例就提高了，我们再去观测，就有更大概率能把正确答案抓上来。"

大胡子先生咧开嘴，大笑起来。

"如果能够完美地运行这套算法，算出一个300位的大数字来自哪两个质数的乘积，只需要短短一天而已，这就是完美的量子计算机。"间歇挥舞"手杖"，沉浸在自己世界里的蘑菇头先生开口说道。

在太阳的金色瀑布下，每个人看起来都是神采奕奕。蘑菇头先生相信，这套算法早已被证实可以运行[1]，完美分解一个大数只是时间问题。这恰恰证明了平行世界是存在的。

"当使用这个算法，我们可以分解一个250位的庞大数字，量子比特叠加的状态将会达到10的500次方个，也就是说，完成这个运算所调用的计算资源将是经典比特运算的10的500次方倍，但十分奇怪的是，整个可见宇宙一共只包含了大约10的80次方个原子，这我刚才说过了。"蘑菇头先生看起来志得意满，"如果可见的宇宙就是物理实在的全部，物理实在所包含的全部资源将远远不足以分解一个这么大的数字，那么究竟是谁分解了它？这些计算又是如何以及在哪里完成的呢？很显然，可见的宇宙只是冰山一角。"

---

[1] 2001年，IBM华裔研究员艾萨克·庄（Isaac Chuang）的团队成功演示这套秀尔算法。用7个量子比特对数字15进行了质因数分解，给出的结果果然是3和5。尽管15是一个很小的数字，但实验验证了秀尔算法不是纸上谈兵。

星星终于恍然大悟。

阳光将蘑菇头先生的金色头发完全照亮，"听着，所有计算是在不同的宇宙中并行完成的，在对答案有贡献的每一个宇宙中，只需要几千步运算，任务就完成了，所以量子计算是第一个允许任务通过平行宇宙间的协作来完成的技术，"他说，"这就好比某一天，你被要求在 5 分钟内，在国家图书馆某一本书的某页上找到一个大写字母'X'，这几乎是不可能的，因为那里有 5000 万册书。但是如果你处于 5000 万个平行世界中，每个现实都可以查看不同的书籍，你肯定能在其中的某个现实中找到这个'X'。经典计算机就是那个疯狂而绝望的你，需要一本接一本地找遍尽可能多的书；而量子计算机却能将你复制出 5000 万个副本，每个副本只需要在一个平行世界中的国家图书馆，翻找一本书就可以了。"

"朋友们，"大胡子先生拍拍裤腿，支撑起庞然大物般的骨架，背对太阳缓缓而行，"现在，东方陷入了烈火之中；首先是在边缘，而后上升，受伤的太阳，被一束光刺穿。哦，告诉我，这仅仅是核反应、天体力学、散射和折射，还是在此景象后面藏有意图？"[1]

---

[1] 秀尔自己的诗作《不可知论者的缪斯女神在黎明时分》。

12. 一个量子比特的诞生

屋顶又剩下三个人。"虽然人们都更喜欢故事和诗歌,你愿不愿意听听量子计算机究竟是用什么制造出来的?"蘑菇头先生用"手杖"拨弄着一块灰色的石头。

星星更想知道,什么时候,在哪里,她才可以见到平行世界的外婆。既然他们说平行世界是真的存在的。她已经路过了很多答案,现在,来到了永恒之旅的终点站。

为了找到答案,她打算继续听下去。

对此,身旁的钢笔小姐也显得兴致盎然,她问道:"量子计算机的电路板上,充当'晶体管'那样负责将输入的信息转译成 1 或 0 的东西又是什么呢?"

"常见的原材料,我们可以把它们说成'人造原子'。"

"原子?它们不是被层层包裹在万物里面吗?"星星追问。

"你说的是天然原子,从外观上看,这些人造原子就像是某种三明治结构，用两种导体金属材料'夹住'另一种绝缘体金属。利用这样的'三明治'，可以构造一种所谓的二能级系统，就可以拿来做一个量子比特了。"

"明白，这个装置并不是用来模拟真实原子的，我们只是用它来构造一个无限近似于量子比特的能级系统，让它能符合量子的运动规律，是不是呢？"钢笔小姐心领神会地说道。

蘑菇头先生看看钢笔小姐，又转而注视着星星的眼睛，他的脸被流云投下的影子遮住了半面。

"那么什么又是能级系统？"星星追问道。

"任何物质在任何时刻都会处于一个能级系统之中。中午阳光出来了，你的皮肤表面开始升温，你就是一个能量相对大、能级相对高的系统；如果是一只浸泡在绝对零摄氏度的液氮罐中的冷冻的兔子，就会掉入特别低的能级。"蘑菇头先生丢弃"手杖"，解放双手。

星星低声回应："原来是这个意思，人死了以后就是掉到了特别低的能级吧……"

"是的。"蘑菇头先生没有给她继续伤感的时间，"人造原子的初始状态也有一个能级，因为高层能级很容易跌落，低层能级已经触底，活动能力下降，所以人们就要让它处于最低一层的能级，这时，再用一束激光去刺激它，就能激发它在最低能级和倒数第二层级的能级之间来回切换。你可以将它想象成指南针，给它一小块磁铁，就能吸引指针在南北极之间旋转。我们分别将两个能级的状态记录为0和1。你看，0和1已经有了。在观测以前，人造原子的能级状态既是1也是0，直到我们抓取答案，才会摆脱这种不确定性。"

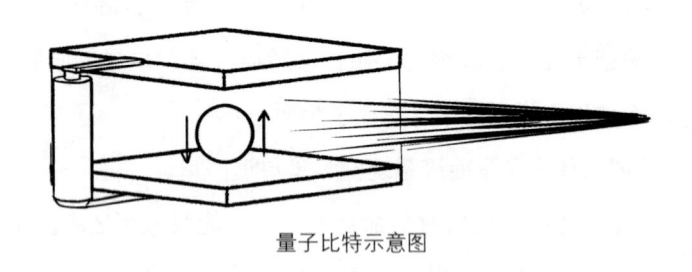

量子比特示意图

"这样一来，我们的量子计算机就具备了像'晶体管'那样的基础元件，可以进行惊人的计算了。"钢笔小姐兴奋地写写画画。

"量子计算机可以计算出，我能在哪一个平行世界里和外婆重新相遇吗？"星星看着半空中渐渐沉落的夕阳，忍不住再次问道。

蘑菇头先生却只是笑而不答，他迈开腿，径直向下一个消防井走去。他最后一次转过脸，用自己那对大眼睛望了一眼星星，就像要用落日的余霞作为介质，传递什么无言的信息。

13. 许许多多个窗口

星星走累了。在太阳的金色光带上,她们足足走了12个小时。这些屋顶筑起的空中长廊,就像是这座小镇曲曲扭扭的静脉,透过这里,星星重新触摸到了昼与夜的脉息。

"我们是不是快要回去了?"她忽然有点忧伤起来。一道光线从山谷对岸游动而来,停在了她的脸颊上。几道光线钻破了云层,小镇的图像重新从谷底浮现。刚才它也在那里,但眼睛欺骗了她们。它再次出现,像一条露出脊背的抹香鲸。

"快了,我的小星星。"钢笔小姐再次将笔插回胸袋,蓝丝绒笔记本上的一页被撕了下来。

"这画的是谁呢?"星星接过纸。屋内有四个人围坐在一张圆形的桌前,在灯罩流泻的三角形的光晕中共进晚餐。外面的天空繁星点点。那里有一位老人、两个大人、一个孩子。圆桌上，一只臃肿的马克杯正飘出几缕轻雾；底下，一条小狗调皮地咬着老人的裤脚。

"时间不早了。"钢笔小姐没有回答她的问题。

"那我们是不是要往回走了？"

"我们已经沿着圆周走向起点了。"

此刻她们在往西走，星星很确定，因为那里摆放着太阳的睡床。她们又走了一会儿，星星不知道"一会儿"是多久，太阳已经垂暮，光芒的犄角不见了。

钢笔小姐停在了一个环形的玻璃穹顶上。下面是天井，一尊断了头颅的花岗岩塑像孤零零矗立在围墙的顶部，周围是一些常春藤之类的灌木，看起来正在休眠，或者已经死去。从屋顶望下去，天井中央有一座石头喷泉，喷泉池里蓄满了雨滴和青绿色的浮萍。

"谁住在这里？"星星躲到钢笔小姐的身后。太阳正在一层一层脱去暖橘色的睡袍。

"嘘，待会儿……"

钢笔小姐还来不及答话，一位女士过来了。她的身上盖着一块毛毯，看起来很厚，脑袋顶着一只似曾相识的渔夫帽。她晃晃悠悠地来到喷泉池边，逗留了一会儿，像在盘算什么心事。接着，她坐了下来，开始用笔在一本类似画册的本子上涂抹起来。画册也有一个显眼的蓝色的外壳。

星星也不敢打破这份寂静。光线正在无声地流散，越过山丘和原野，越过小镇的外衣，一块明亮而又温和的光幕坚决地将她们吞没了。

"她不是在漫无目的地写字。"也许是走了太久，钢笔小姐的精力好像也被光影卷走了，无精打采地说道。

"是在画画吧，"星星猜，那个蓝壳的本子上也有一些画，"她和你一样，也喜欢画画。"

钢笔小姐说："也和你一样。"

星星点点头，手指攥紧了那张晚餐的画作。"咦，你看那是什么？"就在喷泉池的一圈边沿，好像女人将什么遗落在了那里。星星扶着屋顶边缘的一圈矮墙，前倾着身体。

钢笔小姐伸手搂住了星星，"亲爱的小星星，那是一支钢笔。"在童话般的朦胧光影中，那个遗落的金属壳的小东西，正折射着靛蓝色的亮晶晶的光点。

"你以为那上面只是一些画吗？"钢笔小姐突然摸出口袋里的钢笔，转动着笔帽说，"过几天她还要去画上游历一番呢！"

两人继续在屋顶上前行，星星已经看到了就在不远处，那只雪白的乌鸦就像一座雅典城里的浮雕，以一种近似永恒的姿态屹立在屋脊上。她拔腿向它奔去。

"小星星，慢点！"钢笔小姐停在了一面半圆拱形的玻璃天窗前。

"可是时间来不及了，我还没有找到答案！"星星任由晚风将自己的声音卷起。

"来吧！"钢笔小姐在对她不停挥手。

星星只能嘟囔着后退。循着钢笔小姐的手指，透过窗口，能看到下面有一张病床。天蓝色布帘围成了一圈。有人举着本子奋笔疾书，有人在窃窃私语，也有人对着心电监护仪上的数字点头微笑。星星拼命向前探出身子。她想看清楚那张矮柜上摆放的苹果。一阵赞美诗般的乐音轻柔地飘扬上来。

她的眼泪夺眶而出。人群散去，她终于对着窗口呼喊："外婆！是我呀，小星星！外婆！你听见了没有？外婆！"

外婆穿着病号服，正直起身子，独自倚靠床架。流淌着棕色营养液的鼻饲管不见了。通向鼻腔的呼吸管也消失了。余晖照亮了她的脸，就如彩虹般容光焕发。她有力地抬起手，伸向那只大苹果，身后露出了一台正在运转的熊猫牌磁带录音机。

"外婆，外婆！是我！"星星跪在窗边，鼻子紧紧吸附在玻璃上，呼出的热气泪水般打湿了自己的双颊。外婆没有离开,她的病好了,又能吃苹果了!星星摸了摸胸口,那盘蓝色的磁带不知去了哪里。

天蓝色的布帘微微弓起,慢慢掀开,钻进来一个小孩,扑倒在外婆的怀里。外婆插着输液管的手穿过了她的发丝,另一只手将苹果递上前去。

"她是谁?"星星抽泣着问钢笔小姐。小孩始终埋着头,不知道此时是纵情欢笑还是哭泣。

"我想告诉你,小星星,平行宇宙也许并不仅存在于遥远的外太空,还存在于我们的内在空间,存在于你我之间。或许你同时存在于一种以上的世界中,过着平行的生活,只是在不断叠加的状态下,你并不知道自己也在这样生活。"钢笔小姐的轮廓也渐渐融化在暗灭的暮色中,"当梦境降临,那些似曾相识的时刻,无法描述逻辑的领域,我们不要去嘲笑它们是虚假的。它们可能,我是说可能,只是平行世界的某一个副本。在那里,你将和外婆永远在一起。"

14. 世界的入口

星星轻轻地抚摩乌鸦的背脊,安慰这只怪鸟苦候许久的心情。它张开剪刀钳夹一般的喙,跟着黄昏一起,向天空咏诵长篇累牍的独白。

从这里看下去,棋盘似的街道已经装点上了金属般的火花。有人将灯泡串挂在了树枝上,许多窗口溅射出奶油状的烛光。有人注意到了这只三足的飞行物停在镶满群星的树冠下,便向星星挥起手来。

"是那棵大榕树!"星星对身后的钢笔小姐大喊。她忽然想起自己是怎么来的。

"还有鸟!记起来了吗?"在夜风的褶皱间,星星感到自己再度被揽入了怀中。她用力朝身后点点头。

小镇上的人影越来越小,很快就变成了夜色中一格模模糊糊的像素。她们再次乘着三足鸟钻进了一团云朵之中。

一片羽毛从乌鸦身上脱落下来。它发出了一声动人的叹息，随后也像星星她们一样，全然卷入了光线之中。

　　天空像被切割成了一片片纸屑。星星捏紧拳头，发现掌心躺着一支钢笔。"你的钢笔！"风裹挟着她微弱的喊声。可是背后空荡荡的，钢笔的主人不见了，三足鸟也不见了。星星低头看到蓝色笔帽上刻的字，居然是"星星"。她的身体越来越轻，被失重的感觉牵引着开始下降。

　　云雾终于散开了，重新睁开眼睛，星星轻轻地着陆在一片湿漉漉的草坪上。她揉了揉眼睛，一对老人肩靠肩倚在一棵大榕树下，阳光的碎影翩翩飞舞。她跟跄着往前跑了几步，怀里抱着小狗"奥利奥"的那个人真的是外婆！

　　外婆从身后掏出铁皮饼干箱，小狗从怀里挣脱开，尾巴快速旋转，聚精会神地绕着她手里的美食打转。朝向它的位置，外婆将糕点抛入了半空。在这个世界里，她的眼睛是亮的！

　　旁边的老人一直垂着头，安静地翻看一本大书，书页声也融入了树叶的哗哗声中。小狗心满意足地扑到他的腿上。星星向前凑去，封面只能看清作者的名字——"托尔·海尔达尔"。原来老人就是自己从未见过的外公！

　　小狗来到了星星的面前。星星屏住呼吸，"奥利奥"要认出自己了吗……可它径直越过她，在柔软的草坪上撒腿狂奔。外公外婆时而悄声交谈，也像没有看见自己似的。星星想起了钢笔小姐的话，很多个外婆生活在很多个世界中。她湿润着眼眶，绕到了树的背面。外婆，你说过，我们会相逢很多次的……

榕树越来越远，星星不相信自己走得这么快，可是它就像一片雾气，定睛看去，已经融化在了春日无边的蛙叫里。海岸线被乳白色的浪花推近，蓝得近乎透明。在翻滚而来的泡沫里，海星、小螃蟹和鹅卵石遍布泥滩。两个人弯着腰，将手指插进淤泥间，不远处的沙堤上摆着一只篾竹编成的篓子。

其中的男孩看起来只有八九岁，他将黑乎乎的手掌探到女孩面前。身材苗条的女孩可能有十五六岁了，低着头，用围在腰间的围裙擦拭着小手，两只蚬子从泥浆中探出头来。男孩欢天喜地地向竹篓奔去。星星这才看清女孩的脸。她认得出来，在老照片相簿里，外婆就是这个模样的……

海风温柔地吹着号角。星星没有靠得更近。她已经明白，这个世界里，外婆的弟弟没有死去，没有变成像尘埃一样的东西。他也会平安地长大，真正踏上尘世的旅程。

星星知道，自己该走了，走回自己的世界里去。黄昏悄无声息地降临。她走了一圈，似乎又回到了一片湿润的草坪上。数盏夜明灯从四面八方护卫着这片毛茸茸的地毯。不远处，一扇垂悬帘幕的落地窗正孤零零地闪着光。直到走到跟前，她才发现窗户安装了里外两条轨道，分别挂上了一幅蓝丝绒做的帘子。站在屋外也可以拉上窗帘，仿佛任何人都有权决定何时与一个世界告别。它们对称地、彻底地分割着屋子与花园的边界。

窗边摆放着一张小小的圆桌，在一圈灯光的照映下，露出一本蓝色封皮的书。星星踮起脚，设法去看封面上的字。那些字很长，一个方块项链般地串着另一个方块。她的鼻尖触碰到了冰凉的玻璃。那几个字好像是"一万亿个外婆"。

她发出的声响惊动了里头的人。一阵沉闷的脚步声正向她靠近，很快停在墙角。星星蹲下身子，屏住呼吸，过了一会儿，声音再次响起，有人正向她疾步走来。慌乱间，星星伸手拖动了这一边的窗帘。

在沉甸甸的布满褶皱的窗帘背后，这一次，她听到了水声，一股甜丝丝的气味溜了进来，像是妈妈刚从搅拌机的过滤网下取出的燕麦奶。

面前这块蓝丝绒就像弯曲不平的宇宙。又沉寂了一会儿，终于有人擎着火把向她寻过来，嘴里不停喊着："星星……小星星……"

* * *

我还记得第一次听说平行世界理论时的情形。某一天,我和朋友坐在上海港汇广场的台阶上——那里有一大圈圆形的阶梯,能够呼唤起某种古代城邦的记忆。夏风掀起了四面高楼大厦的淡影,我感到自己身处宇宙的井底。天琴座、天鹰座和天鹅座的三颗星在夜幕中画下永恒的三角形。

我该感谢,那个可以看得见星星的晚上。有人向着它们启航,同时穿过光子织就的无数条地毯,抵达远方的某处家园。

我们都知道,那些没有在这一刻坍缩的世界,在延迟那么一点点的时候,它们同样被光子照亮了,我坚持相信它们也是宇宙"实在"的一部分。你不能说庞贝古城里那些被火山灰掩埋的塑像和器皿仍然在起作用,但这些丢进了"宇宙信息库"里的世界很可能还是活着的。虽然朋友更加笃信稳健一些的哥本哈根诠释。

"为什么呢?"他问我。

"在很多悲伤、无助的时刻,平行世界诠释安慰了我。"我说。

请别对我说这是虚妄的,好吗?

即使现在你已经能够理解太阳光子是如何同时穿过了黑暗丛林里的无数条路径,最后在密布于我们视网膜的感应器上坍缩成一幅悲欢离合的图景,依然无法参透背后的安排:究竟是什么让量子如此这般地跳动于宇宙无垠的怀抱?是谁像一位沉默的程序员般敲下了自然令人敬畏的旨意?

我们都困在自然的谜语中。我只是努力寻找属于自己的谜底。

亲爱的朋友们,当星星的旅程结束时,我和外婆的故事也来到了尽头。如果太阳可以重新回到天幕上,将那个坐在喷泉池边画画的女人完全照亮,星星就能发现小镇最大的秘密:她是又一个钢笔小姐。

我们各自漂流在不同的时间节点上,演绎出不尽相同的命运的副本。我也是一个副本。

而在所有的副本中,你知道的,最让我感到温暖和充满希望的,是外婆已经痊愈的那一个。

所以,请别怀疑我的期盼,好吗?在蓝色的梦境中,它已经上演很多很多次了。那些肥皂泡收容了我所有的情感，而连接一个又一个梦的，也许正是看不见的微管一样的虫洞。我的一部分将永远停留在那些短暂交汇的瞬息之间。

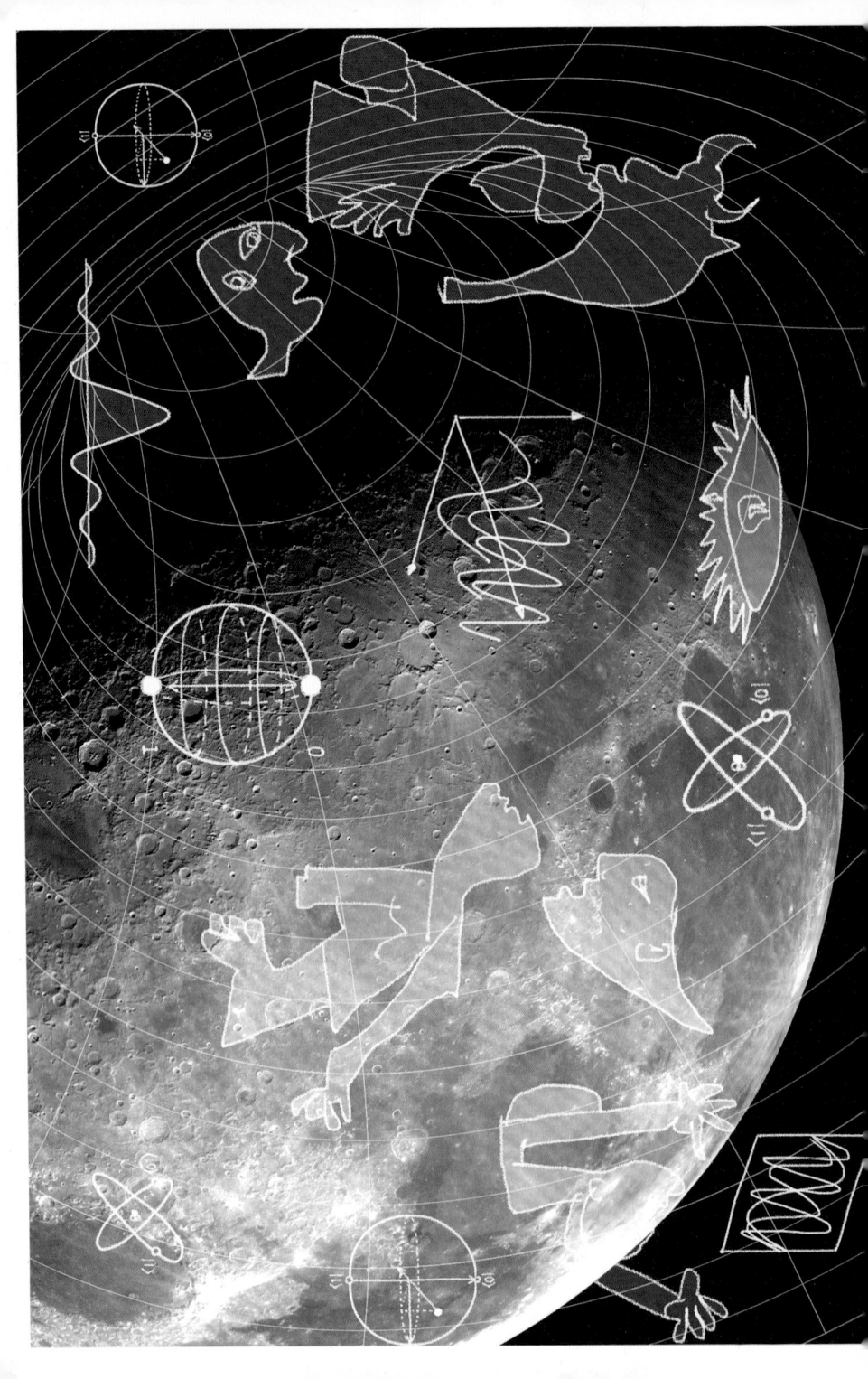